Dr. Oetker

Tortenschlacht

Neue Tortenrezepte

Dr. Oetker

Tortenschlacht

Neue Tortenrezepte

Dr. Oetker Verlag

Vorwort

Eröffnen Sie Ihr eigenes Lieblingscafé.

Der nächste Event mit Freunden, Familie und Nachbarn kann kommen. Denn jetzt gibt es die schönsten Torten zum Verwöhnen – üppige Tortenrezepte mit Früchten, Sahne, Creme und Schokolade.

Köstliche neue Rezeptkreationen, bei denen die Auswahl schwer fällt: Nougat-Mousse, Erdbeer-Pistaziencreme, Lemoncurd, Rhabarber-Quark, Buttermilch-Grenadine, Zuccotto, Haselnuss-Gianduja, Pfirsich-Rotwein, Weintrauben-Zabaione oder Preiselbeer-Pfannkuchen-Torte. Nach welcher Torte steht Ihnen der Sinn?

Übrigens: Bei diesen Tortenträumen hat die Diät Pause.

Mit vier oder fünf Torten kann die Tortenschlacht beginnen, auch mit dreien werden Sie Lob einheimsen. Der Vorteil ist, dass sich einige Torten gut vorbereiten lassen. Sie können sich die Arbeit auch mit Freundinnen oder der Verwandtschaft teilen und so Arbeit und Vergnügen auf mehrere Schultern verteilen.

Ihre Lieblingstorte krönt aber auch als Einzelstück jede Kaffeetafel. Und damit die Rezepte gelingen, wurden sie von uns ausprobiert und sind so beschrieben, dass es mit ein bisschen Erfahrung bestimmt klappt.

Alles vom Feinsten

Pistazien, Mousse, Nougat,
Erdbeeren, Kirschen, Äpfel
und Heidelbeeren

Apfel-Zitronen-Kuchen

Für die Zitronencreme:
4-6 Zitronen, davon 3 Bio-Zitronen (unbehandelt, ungewachst)
150 g Zucker
30 g Speisestärke
3 EL Wasser
2 Eigelb (Größe M)

800 g Äpfel, z. B. Elstar
etwas Zitronensaft zum Beträufeln

Für den Rührteig:
250 g weiche Butter oder Margarine
180 g Zucker
1 Pck. Dr. Oetker Vanillin-Zucker
4 Eier (Größe M)
2 Eiweiß (Größe M)
300 g Weizenmehl
2 gestr. TL Dr. Oetker Backin

50 g Zucker
30 g Puderzucker

Zubereitungszeit:
50 Minuten, ohne Abkühlzeit
Backzeit:
etwa 60 Minuten

16 Stück

Pro Stück:
E: 5 g, F: 16 g, Kh: 47 g,
kJ: 1470, kcal: 352, BE: 4,0

ERFRISCHEND – ETWAS BESONDERES

{1} Für die Creme Bio-Zitronen heiß abwaschen, abtrocknen und die Schale abreiben. Alle Zitronen halbieren und den Saft auspressen. Von dem Zitronensaft 200 ml abmessen, mit Wasser auf 300 ml auffüllen und in einen Topf geben. Zitronenschale und Zucker unterrühren. Den Saft unter Rühren zum Kochen bringen.

{2} Speisestärke mit Wasser anrühren. Angerührte Speisestärke in den von der Kochstelle genommenen Saft rühren und unter Rühren aufkochen lassen. Den Topf von der Kochstelle nehmen. Eigelb verquirlen und in die heiße Sauce rühren. Die Zitronencreme etwas abkühlen lassen.

{3} Äpfel schälen, vierteln und entkernen. Apfelviertel nochmals längs durchschneiden. Mit Zitronensaft beträufeln.

{4} Den Backofen vorheizen. Ober-/Unterhitze: etwa 180 °C, Heißluft: etwa 160 °C.

{5} Für den Teig Butter oder Margarine in einer Rührschüssel mit Handrührgerät mit Rührbesen geschmeidig rühren. Nach und nach Zucker und Vanillin-Zucker unterrühren. So lange rühren, bis eine gebundene Masse entstanden ist.

{6} Eier und Eiweiß nach und nach unterrühren (jedes Ei/Eiweiß etwa ½ Minute). Mehl mit Backpulver mischen, in 2 Portionen auf mittlerer Stufe unterrühren.

{7} Den Teig in eine Springform (Ø 28 cm, mit Backpapier belegt) geben und glatt streichen, dabei einen dünnen Teigrand mit einem Löffel etwa 1 cm am Rand hochziehen, damit die Füllung nicht ausläuft. Die Zitronencreme auf dem Teig verteilen und glatt streichen. Die Apfelspalten darauflegen und mit Zucker bestreuen.

{8} Die Form auf dem Rost in den vorgeheizten Backofen schieben. Den Kuchen etwa 60 Minuten backen.

{9} Die Form auf einen Kuchenrost stellen. Den Kuchen etwa 15 Minuten in der Form stehen lassen, dann aus der Form lösen und auf einem Kuchenrost erkalten lassen. Den Kuchen mit Puderzucker bestäuben.

Erdbeer-Pistaziencreme-Torte

Für den Biskuitteig:
5 Eier (Größe M)
100 g Zucker
1 Pck. Dr. Oetker Vanillin-Zucker
100 g Weizenmehl
20 g Speisestärke

Für den Vanillesirup:
80 g Zucker
100 ml Wasser
½ Vanilleschote

Für die Creme:
100 g Pistazienkerne
200 g Schlagsahne
2 Pck. Dr. Oetker Pudding-Pulver Vanille-Geschmack
500 ml (½ l) frische Vollmilch
50 g Puderzucker
1 Prise Salz

3 Eigelb (Größe M)
50 g Puderzucker

250 g weiche Butter

Für den Belag:
1,25 kg frische Erdbeeren
1 Pck. Tortenguss, klar, ungesüßt
250 ml (¼ l) schwarzer Johannisbeernektar
30 g Zucker

Zubereitungszeit:
90 Minuten, ohne Kühlzeit
Backzeit:
etwa 45 Minuten

16 Stück

Pro Stück:
E: 7 g, F: 24 g, Kh: 41 g,
kJ: 1715, kcal: 410, BE: 3,5

FÜR GÄSTE

{1} Den Backofen vorheizen. Ober-/Unterhitze: etwa 180 °C, Heißluft: etwa 160 °C.

{2} Für den Teig Eier in einer Rührschüssel mit Handrührgerät mit Rührbesen auf höchster Stufe in 1 Minute schaumig schlagen. Zucker mit Vanillin-Zucker mischen, in einer Minute unter Rühren einstreuen, dann noch etwa 2 Minuten schlagen.

{3} Mehl mit Speisestärke mischen und kurz auf niedrigster Stufe unterrühren. Den Teig in eine Springform (Ø 28 cm, mit Backpapier belegt) geben und glatt streichen. Die Form auf dem Rost in den vorgeheizten Backofen schieben. Den Biskuitboden 30–35 Minuten backen.

{4} In der Zwischenzeit für den Sirup Zucker und Wasser in einem Topf zum Kochen bringen. Die Vanilleschote längs halbieren. Eine Schotenhälfte in die Zuckerlösung geben. Zuckerlösung etwa 10 Minuten bei schwacher Hitze kochen lassen. Den Sirup erkalten lassen. Vanilleschotenhälfte entfernen.

{5} Die Form auf einen Kuchenrost stellen. Den Biskuitboden erkalten lassen.

{6} Den Biskuitboden aus der Form lösen und einmal waagerecht durchschneiden. Den unteren Boden auf eine Tortenplatte legen und mit der Hälfte des Vanillesirups beträufeln. Einen Tortenring darumlegen.

{7} Für die Pistaziencreme Pistazienkerne im Blitzhacker sehr fein mahlen. Pudding-Pulver mit Sahne und Puderzucker anrühren. Milch und Salz in einen Topf geben und zum Kochen bringen. Pistazienkerne hinzugeben und unter Rühren einmal aufkochen lassen.

{8} Angerührtes Pudding-Pulver in die Milch geben und unter Rühren 1 Minute aufkochen lassen. Den Topf von der Kochstelle nehmen. Die Puddingoberfläche mit Frischhaltefolie belegen. Den Pudding bei Zimmertemperatur erkalten lassen.

{9} Eigelb und Zucker in einer Edelstahlschüssel über dem leicht kochenden Wasserbad mit Handrührgerät mit Rührbesen in etwa 8 Minuten dick-schaumig schlagen. Die Schüssel vom Wasserbad nehmen und die Creme unter Rühren etwas abkühlen lassen. Den Eigelbschaum mit dem Pistazienpudding glatt rühren.

{10} Butter in einer Rührschüssel mit Handrührgerät mit Rührbesen sehr schaumig schlagen. Den Pistazienpudding löffelweise zu dem Butterschaum geben und mit Handrührgerät mit Rührbesen verrühren, bis eine glatte Masse entstanden ist. Etwa 250 g der Pistaziencreme in einen Spritzbeutel mit Sterntülle (10 mm) füllen und kalt legen.

{11} Für den Belag Erdbeeren putzen, waschen, abtropfen lassen und entstielen. Die Hälfte der Erdbeeren auf den unteren Biskuitboden setzen (sehr große Erdbeeren waagerecht halbieren). Restliche Pistaziencreme auf die Erdbeeren geben und glatt streichen. Den oberen Biskuitboden darauflegen und mit dem restlichen Vanillesirup beträufeln. Die restlichen Erdbeeren auf die Tortenoberfläche setzen, dabei einen 2–3 cm breiten Rand frei lassen.

{12} Aus Tortengusspulver, Johannisbeernektar und Zucker einen Guss nach Packungsanleitung zubereiten. Den Guss auf den Erdbeeren verteilen. Guss fest werden lassen.

{13} Mit der kalt gestellten Creme aus dem Spritzbeutel Tupfen auf den frei gelassenen Tortenoberflächenrand spritzen.

Holländer Kirschtorte

Für den Blätterteig:
450 g Weizenmehl
250 g kalte Butter
2 gestr. TL Salz
250 ml (¼ l) kaltes Wasser
3 EL Weißweinessig

etwas Weizenmehl

1 Glas Sauerkirschen (Abtropfgewicht 350 g)
375 ml (3/8 l) Kirschsaft (aus dem Glas)
60 g Zucker
1 TL gemahlener Zimt
25 g Speisestärke
2 EL Wasser
800 g Schlagsahne
2 Pck. Dr. Oetker Bourbon-Vanille-Zucker
200 g gesiebter Puderzucker
4 EL Rum

3 EL Kirschsaft (aus dem Glas)
evtl. einige Sauerkirschen

Zubereitungszeit
75 Minuten, ohne Kühlzeit
Backzeit:
etwa 15 Minuten je Boden

16 Stück

Pro Stück:
E: 5 g, F: 29 g, Kh: 48 g,
kJ: 2040, kcal: 488, BE: 4,0

MIT ALKOHOL

{1} Für den Teig Mehl in eine Rührschüssel geben. In Würfel geschnittene Butter, Salz, Wasser und Essig hinzufügen. Die Zutaten mit Handrührgerät mit Knethaken zunächst kurz auf niedrigster, dann auf höchster Stufe zu einem glatten Teig verarbeiten.

{2} Den Teig auf einer bemehlten Arbeitsfläche zu einem Rechteck (etwa 20 x 40 cm) ausrollen und der Länge nach 4-fach übereinanderlegen und wieder zu einem Rechteck (etwa 20 x 40 cm) ausrollen. Das Teigrechteck wieder der Länge nach 4-fach übereinanderlegen und in Frischhaltefolie gewickelt etwa 30 Minuten kalt stellen.

{3} Den gekühlten Teig auf der bemehlten Arbeitsfläche wieder zu einem Rechteck (etwa 20 x 40 cm) ausrollen und der Länge nach 4-fach übereinanderlegen. Anschließend den Teig mit Mehl bestäuben und in 2–3 Portionen dünn ausrollen.

{4} Den Backofen vorheizen. Ober-/Unterhitze: etwa 220 °C, Heißluft: etwa 200 °C. Aus dem Teig zunächst 2 Böden (Ø 28 cm) ausstechen (evtl. mit einem flexiblen Tortenring). Je eine Teigplatte auf ein Backblech (mit Wasser besprenkelt) legen. Den restlichen Teig ausrollen, einen dritten Boden (Ø 28 cm) ausstechen und ebenfalls auf ein Backblech (mit Wasser besprenkelt) legen. Die Backbleche nacheinander (bei Heißluft zusammen) in den vorgeheizten Backofen schieben. Die Blätterteigböden etwa 15 Minuten je Boden backen.

{5} Die Blätterteigböden von den Backblechen lösen und auf je einem Kuchenrost erkalten lassen.

{6} Die Sauerkirschen in einem Sieb abtropfen lassen, den Saft dabei auffangen. 3 Esslöffel Saft abnehmen und beiseitestellen. Von dem restlichen Saft 375 ml (3/8 l) Saft abmessen, evtl. mit Wasser auffüllen und in einen Topf geben. Zucker und Zimt hinzufügen. Den Saft zum Kochen bringen.

{7} Speisestärke mit 2 Esslöffeln Wasser anrühren. Angerührte Speisestärke in den von der Kochstelle genommenen Saft rühren und unter Rühren aufkochen lassen. Sauerkirschen (evtl. einige Sauerkirschen zum Garnieren beiseitelegen) unterrühren. Die Masse erkalten lassen.

{8} Einen Blätterteigboden auf eine Tortenplatte legen. Die Sauerkirschmasse darauf verteilen.

{9} Sahne mit Vanille-Zucker und 80 g des Puderzuckers evtl. in 2 Portionen steif schlagen. Rum unterschlagen. Die Sahne in 2 Portionen in einen Spritzbeutel mit großer Sterntülle füllen. Eine Sahneportion auf die Sauerkirschmasse spritzen. Den zweiten Blätterteigboden darauflegen und etwas andrücken. Restliche Sahne daraufspritzen (evtl. etwas Sahne zum Verzieren zurückbehalten). Den dritten Blätterteigboden darauflegen.

{10} Beiseitegestellten Kirschsaft (3 Esslöffel) mit dem restlichen Puderzucker zu einem dickflüssigen Guss verrühren. Den Blätterteigboden damit bestreichen. Guss trocknen lassen.

{11} Die Tortenoberfläche nach Belieben mit Sahnetupfen verzieren und einigen Sauerkirschen garnieren.

Joghurt-Heidelbeer-Torte

750 g TK-Heidelbeeren

Für den Streuselteig:
250 g Weizenmehl
160 g Butter oder Margarine
70 g Zucker
1 Eigelb (Größe M)

Für den Biskuitteig:
2 Eier (Größe M)
1 Eiweiß (Größe M)
50 g Zucker
60 g Weizenmehl
1 EL (5 g) Kakaopulver

1 Bio-Orange
(unbehandelt, ungewachst)

Für die Füllung:
9 Blatt weiße Gelatine
150 g Zucker
300 g Joghurt
400 g Schlagsahne

Für den Guss:
2 Pck. Tortenguss, klar, ungesüßt
50 g Zucker
500 ml (½ l) schwarzer
Johannisbeernektar

Zubereitungszeit:
90 Minuten, ohne Auftau- und Kühlzeit
Backzeit Knetteig:
etwa 12 Minuten je Boden
Backzeit Biskuitteig:
etwa 12 Minuten

16 Stück

Pro Stück:
E: 6 g, F: 19 g, Kh: 47 g,
kJ: 1613, kcal: 387, BE: 4,0

RAFFINIERT – FÜR GÄSTE

{1} Von den Heidelbeeren 450 g in eine Rührschüssel geben und auftauen lassen. Restliche Heidelbeeren zunächst eingefroren lassen. Den Backofen vorheizen. Ober-/Unterhitze: etwa 200 °C, Heißluft: etwa 180 °C.

{2} Für den Streuselteig Mehl in eine hohe Rührschüssel geben. Butter oder Margarine, Zucker und Eigelb hinzufügen. Die Zutaten mit Handrührgerät mit Rührbesen zu feinen Streuseln verarbeiten.

{3} Den Boden einer Springform (Ø 28 cm) fetten, mit Backpapier belegen und den Springformrand darumlegen. Einen Tortenring (Ø knapp 28 cm) auf ein Backblech (mit Backpapier belegt) setzen. Jeweils die Hälfte der Teigstreusel in der Springform und im Tortenring verteilen. Teigstreusel fest andrücken. Den Tortenring abnehmen.

{4} Die Form auf dem Rost und das Backblech nacheinander (bei Heißluft zusammen) in den vorgeheizten Backofen schieben. Die Streuselböden je etwa 12 Minuten backen.

{5} Die Form und das Backblech aus dem Backofen nehmen. Einen Boden in der Form auf einem Kuchenrost erkalten lassen. Den zweiten Boden auf dem Backblech auf einem Kuchenrost erkalten lassen.

{6} Für den Biskuitteig Eier und Eiweiß in einer Rührschüssel mit Handrührgerät mit Rührbesen auf höchster Stufe in 1 Minute schaumig schlagen. Zucker in 1 Minute unter Rühren einstreuen, dann noch etwa 2 Minuten schlagen. Mehl mit Kakao mischen und kurz auf niedrigster Stufe unterrühren. Den Teig auf den Streuselboden (Springform) geben und glatt streichen. Die Form wieder auf dem Rost in den vorgeheizten Backofen schieben. Den Biskuitboden etwa 12 Minuten bei gleicher Backofentemperatur backen.

{7} Die Form aus dem Backofen nehmen. Den Springformrand lösen und entfernen. Den Biskuit-Streusel-Boden mit dem Backpapier vom Springformboden auf einen Kuchenrost ziehen. Biskuit-Streusel-Boden erkalten lassen.

{8} Orange heiß abwaschen, abtrocknen und die Schale abreiben. Orange durchschneiden und den Saft auspressen. Den Biskuit-Streusel-Boden mit dem Saft beträufeln. Orangenschale beiseitestellen.

{9} Für die Füllung Gelatine in kaltem Wasser nach Packungsanleitung einweichen. Die aufgetauten Heidelbeeren kurz grob pürieren. Zucker, Joghurt und Orangenschale unterrühren. Gelatine ausdrücken und in einem kleinen Topf bei schwacher Hitze unter Rühren erwärmen (nicht kochen), bis sie völlig gelöst ist. Gelatine zunächst mit 4–5 Esslöffeln von der Heidelbeer-Joghurt-Masse verrühren, dann unter die restliche Heidelbeer-Joghurt-Masse rühren. Die Masse kalt stellen, dabei gelegentlich umrühren.

{10} Sahne steif schlagen. Sobald die Heidelbeer-Joghurt-Masse anfängt zu gelieren, sie mit einem Schneebesen glatt rühren. Die Sahne unterheben. Die Creme auf den Biskuit-Streusel-Boden geben und glatt streichen. Den zweiten Streuselboden darauflegen. Die Torte 3–4 Stunden in den Kühlschrank stellen.

{11} Für den Guss die restlichen gefrorenen Heidelbeeren (300 g) auf der Tortenoberfläche verteilen. Aus Tortenguspulver, Zucker und Johannisbeernektar einen Guss nach Packungsanleitung zubereiten. Den Guss auf die Heidelbeeren geben. Die Torte nochmals 1–2 Stunden in den Kühlschrank stellen.

Nougat-Mousse-Torte

Zum Vorbereiten:
100 g Haselnusskerne

Für das Baiser:
300 ml Eiweiß
(von etwa 10 Eiern)
1 Prise Salz
300 g feiner Kristallzucker
1 TL Speisestärke

Für den Knetteig:
125 g Weizenmehl
40 g Zucker
100 g Butter
1 Eigelb (Größe M)

Für die Füllung:
300 g Nuss-Nougat
300 g Zartbitter-Kuvertüre
800 g Schlagsahne

Außerdem:
3 Bögen Backpapier
etwas Butter

Zubereitungszeit:
120 Minuten
Backzeit:
Knetteig etwa 13 Minuten.
Backzeit:
Baiserböden etwa 10 Minuten
Trockenzeit:
Baiserböden 90-120 Minuten

16 Stück

Pro Stück:
E: 8 g, F: 34 g, Kh: 53 g,
kJ: 2304, kcal: 551, BE: 4,5

FÜR GÄSTE

HINWEIS:
Darauf achten, dass die Nougatmasse heiß ist, wenn sie mit der Sahne verrührt wird. Sonst wird die Masse stückig.

{1} Den Backofen vorheizen. Heißluft: etwa 160 °C.

{2} Zum Vorbereiten die Haselnusskerne auf einem Backblech verteilen und in den vorgeheizten Backofen schieben. Die Haselnusskerne etwa 25 Minuten rösten. Das Backblech aus dem Backofen nehmen. Die Backofentemperatur auf Heißluft: etwa 140 °C herunterschalten.

{3} Die Haselnusskerne auf ein doppelt gelegtes Geschirrtuch geben und die Häutchen mit dem Tuch abreiben. Haselnusskerne grob hacken.

{4} Auf drei Bögen Backpapier jeweils einen Kreis (Ø etwa 28 cm) aufzeichnen. Die Bögen auf je ein Backblech legen und dünn mit Butter bestreichen.

{5} Für das Baiser Eiweiß und Salz mit Handrührgerät mit Rührbesen auf höchster Stufe steif schlagen. Der Schnee muss so fest sein, dass ein Messerschnitt sichtbar bleibt. Nach und nach Zucker unterschlagen. So lange schlagen, bis sich der Zucker gelöst hat (etwa 5 Minuten). Speisestärke kurz unterheben.

{6} Die Baisermasse in den aufgezeichneten Kreisen verstreichen und gleichmäßig mit den gehackten Haselnusskernen bestreuen. Die Backbleche zusammen in den vorgeheizten Backofen schieben. Die Baiserböden bei Heißluft etwa 140 °C: etwa 10 Minuten bei 140 °C backen, dann die Backofentemperatur auf Heißluft: etwa 80 °C herunterschalten. Die Baiserböden etwa 120 Minuten trocknen lassen, dabei die Backofentür einen Spalt öffnen.

{7} Die Backbleche aus dem Backofen nehmen. Die Baiserböden erkalten lassen, vom Backpapier lösen und auf Kuchenrosten trocken aufbewahren.

{8} Für den Knetteig Mehl in eine Rührschüssel geben. Restliche Zutaten hinzufügen und mit Handrührgerät mit Knethaken auf höchster Stufe gut durcharbeiten. Anschließend auf einer bemehlten Arbeitsfläche zu einem glatten Teig verkneten. Sollte er kleben, ihn in Frischhaltefolie gewickelt eine Zeit lang kalt stellen.

{9} Den Backofen vorheizen. Ober-/Unterhitze: etwa 200 °C, Heißluft: etwa 180 °C.

{10} Den Teig auf der bemehlten Arbeitsfläche zu einer runden Platte (Ø 28 cm) ausrollen, in eine Springform (Ø 28 cm, mit Backpapier belegt) legen. Die Form auf dem Rost in den vorgeheizten Backofen schieben. Den Knetteigboden etwa 13 Minuten backen. Knetteigboden vom Backpapier lösen und auf eine Platte legen.

{11} Für die Füllung Nougat und Kuvertüre in Stücke schneiden bzw. hacken, in einem Topf im heißen Wasserbad bei schwacher Hitze unter Rühren schmelzen. Den Knetteigboden dünn mit 1 Esslöffel der Nougatmasse bestreichen. Einen Baiserboden darauflegen. 2 Esslöffel der Nougatmasse abnehmen und beiseitestellen.

{12} Sahne steif schlagen. Drei Esslöffel von der Sahne mit der restlichen heißen Nougatmasse zu einer glatten Masse verrühren. Restliche Sahne untermischen. Das Nougatmousse auf 2 Baiserböden streichen und zu einer Torte zusammensetzen. Mit dem dritten Baiserboden abschließen. Die Torte etwa 3 Stunden in den Kühlschrank stellen.

{13} Beiseitegestellte Nougatmasse nochmals kurz erwärmen. Die Torte damit beträufeln.

Weiße Mousse-Torte

Zum Vorbereiten:
100 g gemahlene Mandeln

Für den Biskuitteig:
8 Eier (Größe M)
140 g Zucker
140 g Weizenmehl

Zum Beträufeln:
150 ml Orangensaft

Für die Creme:
5 Blatt weiße Gelatine
800 g Schlagsahne
150 g weiße Kuvertüre
60 g Zucker
1 Pck. Dr. Oetker
Bourbon-Vanille-Zucker

300 g TK-Himbeeren

200 g weiße Kuvertüre

Zubereitungszeit:
60 Minuten, ohne Abkühlzeit
Backzeit:
Biskuitboden etwa 50 Minuten

16 Stück

Pro Stück:
E: 9 g, F: 30 g, Kh: 35 g,
kJ: 1885, kcal: 450, BE: 3,0

RAFFINIERT

{1} Den Backofen vorheizen. Ober-/Unterhitze: etwa 180 °C, Heißluft: etwa 160 °C.

{2} Zum Vorbereiten die Mandeln auf ein Backblech geben und in den vorgeheizten Backofen schieben. Die Mandeln etwa 12 Minuten unter Wenden goldbraun rösten. Das Backblech aus dem Backofen nehmen. Mandeln erkalten lassen.

{3} Für den Teig Eier in einer Rührschüssel mit Handrührgerät mit Rührbesen auf höchster Stufe in 1 Minute schaumig schlagen. Zucker in einer Minute unter Rühren einstreuen, dann noch etwa 2 Minuten schlagen.

{4} Mehl mit den Mandeln mischen und kurz auf niedrigster Stufe unterrühren. Den Teig in eine Springform (Ø 28 cm, mit Backpapier belegt) geben und glatt streichen. Die Form auf dem Rost in den vorgeheizten Backofen schieben. Den Biskuitboden etwa 50 Minuten backen.

{5} Den Biskuitboden aus der Form lösen und auf einem Kuchenrost erkalten lassen. Biskuitboden einmal waagerecht durchschneiden. Den unteren Boden auf eine Tortenplatte legen und mit der Hälfte des Orangensaftes beträufeln.

{6} Für die Creme die Gelatine in kaltem Wasser nach Packungsanleitung einweichen. 200 g Sahne in eine Edelstahlschüssel geben. Kuvertüre in Stücke hacken und hinzugeben. Die Schüssel in ein heißes Wasserbad stellen und unter Rühren so lange erhitzen, bis die Kuvertüre geschmolzen ist. Die Schüssel aus dem Wasserbad nehmen. Gelatine ausdrücken und in der Schokoladensahne unter Rühren auflösen. Zucker und Vanille-Zucker unterrühren. Schokoladensahne handwarm abkühlen lassen.

{7} Restliche Sahne steif schlagen. Zunächst 3 Esslöffel der Sahne unter die Schokoladensahne rühren. Dann die restliche Sahne mit einem Teigschaber unterheben.

{8} Die gefrorenen Himbeeren auf dem unteren Biskuitboden verteilen. Die Hälfte der Schokoladen-Sahne-Creme daraufgeben und glatt streichen. Den zweiten Biskuitboden darauflegen. Mit dem restlichen Orangensaft beträufeln. Tortenoberfläche und -rand mit der restlichen Schokoladen-Sahne-Creme bestreichen. Die Torte mindestens 3 Stunden in den Kühlschrank stellen.

{9} Kuvertüre in Stücke hacken, in einem kleinen Topf im heißen Wasserbad bei schwacher Hitze unter Rühren schmelzen. Die Kuvertüre in 2 Streifen (je 6 x 45 cm) auf eine gekühlte Marmorplatte streichen. Kuvertüre fest werden lassen, mit einem Spachtel abschaben und an den Tortenrand drücken.

{10} Restliche Kuvertüre sehr dünn auf die Marmorplatte streichen und fest werden lassen. Kuvertüre mit einem Spachtel abschaben und auf die Torte streuen.

TIPP: Beim Unterheben der Sahne unbedingt darauf achten, nicht zu viel zu rühren, da die Sahne sehr leicht gerinnen kann. Das heißt, die Mousse sofort nach Unterheben der Sahne auf den Biskuitboden geben und glatt streichen.

Flämisches Torten-Stilleben
Rhabarber, Zitronen, Aprikosen und zur Abrundung Apfel, Walnüsse, Datteln und Schokolade

Apfel-Wein-Torte

Für den Knetteig:
300 g Dinkelmehl (Type 630)
150 g Zucker
1 Eigelb (Größe M)
150 g Butter oder Margarine
2 EL kaltes Wasser

Für die Füllung:
1,5 kg Äpfel, z. B. Boskop, Cox Orange
1 l Weißwein (Riesling)
70 g Speisestärke
200 g Zucker
1 Vanilleschote

Zum Bestäuben:
1 EL Puderzucker

Zubereitungszeit:
60 Minuten, ohne Abkühlzeit
Backzeit:
etwa 85 Minuten

16 Stück

Pro Stück:
E: 2 g, F: 9 g, Kh: 50 g,
kJ: 1391, kcal: 332, BE: 4,0

MIT ALKOHOL

{1} Den Backofen vorheizen. Ober-/Unterhitze: etwa 180 °C, Heißluft: etwa 160 °C.

{2} Für den Teig Dinkelmehl in eine Rührschüssel geben. Zucker, Eigelb, Butter oder Margarine und kaltes Wasser hinzufügen. Die Zutaten mit Handrührgerät mit Knethaken zunächst kurz auf niedrigster, dann auf höchster Stufe gut durcharbeiten. Anschließend auf einer bemehlten Arbeitsfläche zu einem glatten Teig verkneten.

{3} Zwei Drittel des Teiges zu einer runden Platte (Ø etwa 28 cm) ausrollen und auf den Boden einer Springform (Ø 28 cm, mit Backpapier belegt) legen. Den Springformrand darumlegen. Die Form auf dem Rost in den vorgeheizten Backofen schieben. Den Knetteigboden etwa 20 Minuten vorbacken.

{4} Die Form auf einen Kuchenrost stellen. Den Knetteigboden etwas abkühlen lassen. Restlichen Teig zu einer Rolle formen, an den Rand des vorgebackenen Bodens legen und so an die Form drücken, dass ein etwa 3 cm hoher Rand entsteht.

{5} Für die Füllung Äpfel schälen, vierteln und entkernen. Apfelviertel in kleine Stücke schneiden. Etwa 100 ml Weißwein und Speisestärke in einer kleinen Schüssel anrühren. Restlichen Wein und Zucker in einen großen Topf geben. Die Vanilleschote längs halbieren und das Mark mit einem Messerrücken herauskratzen. Vanillemark und -schote hinzugeben. Die Zutaten zum Kochen bringen. Angerührte Speisestärke in den von der Kochstelle genommenen Wein rühren und unter Rühren aufkochen lassen. Den Topf von der Kochstelle nehmen. Die Vanilleschote entfernen. Apfelstücke unterrühren.

{6} Die Apfel-Wein-Masse auf den vorgebackenen Knetteigboden in die Springform geben und glatt streichen. Die Form auf dem Rost in den heißen Backofen schieben. Die Apfel-Wein-Torte bei gleicher Backofentemperatur in etwa 65 Minuten fertig backen.

{7} Die Form auf einen Kuchenrost stellen. Die Torte vom Springformrand lösen und in der Form erkalten lassen.

{8} Die Apfel-Wein-Torte aus der Form lösen und auf eine Tortenplatte setzen. Den Tortenoberflächenrand mit Puderzucker bestäuben.

Aprikosen-Joghurt-Torte

Für den All-in-Teig:
250 g Weizenmehl
4 gestr. TL Dr. Oetker Backin
250 g Zucker
120 g weiche Butter oder Margarine
3 Eier (Größe L)
100 ml Buttermilch

Für die Füllung:
2 Dosen Aprikosenhälften
(Abtropfgewicht je 460 g)
Saft von 2 Zitronen (100 ml)
300 g Aprikosenkonfitüre
1 Vanilleschote
1 TL gemahlener Kardamom
12 Blatt weiße Gelatine
500 g Joghurt
500 g Schlagsahne

Zum Verzieren:
500 g Schlagsahne
80 g Zucker
2 Pck. Dr. Oetker Sahnesteif
1 EL Kakaopulver

Zubereitungszeit:
60 Minuten, ohne Kühlzeit
Backzeit:
etwa 20 Minuten

16 Stück

Pro Stück:
E: 7 g, F: 29 g, Kh: 59 g,
kJ: 2227, kcal: 532 BE: 5,0

FRUCHTIG

{1} Den Backofen vorheizen. Ober-/Unterhitze: etwa 180 °C, Heißluft: etwa 160 °C.

{2} Für den Teig Mehl mit Backpulver mischen und in eine Rührschüssel geben. Zucker, Butter oder Margarine, Eier und Buttermilch hinzufügen. Die Zutaten mit Handrührgerät mit Rührbesen zunächst kurz auf niedrigster, dann auf höchster Stufe in etwa 2 Minuten zu einem glatten Teig verarbeiten. Den Teig in eine Springform (Ø 28 cm, mit Backpapier belegt) geben und glatt streichen. Die Form auf dem Rost in den vorgeheizten Backofen schieben. Den Tortenboden etwa 20 Minuten backen.

{3} Die Form auf einen Kuchenrost stellen. Den Tortenboden in der Form etwas abkühlen lassen. Dann den Boden aus der Form lösen und auf dem Kuchenrost erkalten lassen. Tortenboden einmal waagerecht durchschneiden. Den unteren Boden auf eine Tortenplatte legen. Einen Tortenring darumlegen.

{4} Für die Füllung Aprikosenhälften in einem Sieb abtropfen lassen. Aprikosen in einen Topf geben. Zitronensaft, Konfitüre und Kardamom hinzugeben. Die Vanilleschote längs aufschneiden. Das Mark mit einem Messerrücken herauskratzen. Vanilleschote und -mark zu den Aprikosen geben. Aprikosen zum Kochen bringen und in etwa 5 Minuten weich dünsten.

{5} In der Zwischenzeit Gelatine in kaltem Wasser nach Packungsanleitung einweichen. Die Vanilleschote aus dem Topf nehmen. Eingeweichte Gelatine leicht ausdrücken und in der Aprikosenmasse unter Rühren auflösen. 350 g der Aprikosenmasse zum Garnieren beiseitestellen.

{6} Restliche Aprikosenmasse in Eiswasser stellen und unter gelegentlichem Rühren erkalten lassen, bis die Masse anfängt zu gelieren. Joghurt unterrühren.

{7} Sahne steif schlagen und unter die Aprikosen-Joghurt-Masse heben. Die Hälfte der Aprikosen-Sahne-Creme auf dem unteren Boden verteilen. Den oberen Boden darauflegen. Restliche Aprikosen-Sahne-Creme daraufgeben und glatt streichen Die Torte mindestens 6 Stunden in den Kühlschrank stellen.

{8} Den Tortenring lösen und entfernen. Die beiseitegestellte Aprikosenmasse in einem kleinen Topf bei schwacher Hitze unter vorsichtigem Rühren erwärmen. Die Aprikosenmasse auf der Tortenoberfläche verteilen, dabei einen 2–3 cm breiten Rand frei lassen.

{9} Zum Verzieren Sahne mit Zucker und Sahnesteif schlagen und in einen Spritzbeutel mit Lochtülle (Ø 8 mm) füllen. Tortenrand und oberen frei gelassenen Tortenrand mit Sahnetupfen verzieren. Mit Kakao bestäuben. Torte bis zum Servieren kalt stellen.

Lemoncurd-Tarte

Für den Knetteig:
200 g Weizenmehl
100 g Butter oder Margarine
60 g Zucker
1 Eigelb (Größe M)

1 kg Hülsenfrüchte,
z. B. Erbsen, Linsen zum Blindbacken

Für die Zitronencreme (Lemoncurd):
8 Zitronen, davon 4 Bio-Zitronen (unbehandelt, ungewachst)
220 g Zucker
5 Eier (Größe L)
5 Eigelb (Größe M)
250 g Butter

Zubereitungszeit
60 Minuten, ohne Kühlzeit
Backzeit:
etwa 55 Minuten

16 Stück

Pro Stück:
E: 5 g, F: 23 g, Kh: 29 g,
kJ: 1441, kcal: 345, BE: 2,5

KLASSISCH

{1} Für den Teig Mehl in eine Rührschüssel geben. Butter oder Margarine, Zucker und Eigelb hinzufügen. Die Zutaten mit Handrührgerät mit Knethaken zunächst kurz auf niedrigster, dann auf höchster Stufe gut durcharbeiten. Anschließend auf einer bemehlten Arbeitsfläche zu einem glatten Teig verkneten. Den Teig in Frischhaltefolie gewickelt etwa 4 Stunden kalt stellen.

{2} Den Backofen vorheizen. Ober-/Unterhitze: etwa 180 °C,
Heißluft: etwa 160 °C.

{3} Den Teig geschmeidig kneten und auf der bemehlten Arbeitsfläche zu einer runden Platte (Ø etwa 34 cm) ausrollen. Die Teigplatte in eine Springform (Ø 28 cm, mit Backpapier belegt) legen und einen Rand andrücken.
Einen Bogen Backpapier auf den Teigboden legen. Das Backpapier an den Teigrand drücken. Hülsenfrüchte auf dem Backpapier verteilen. Die Form auf dem Rost in den vorgeheizten Backofen schieben. Den Knetteigboden etwa 30 Minuten blind vorbacken.

{4} Die Form auf einen Kuchenrost stellen. Das Backpapier mit den Hülsenfrüchten entfernen.

{5} Für den Belag die Bio-Zitronen heiß abwaschen, abtrocknen und die Schale abreiben. Alle Zitronen halbieren und den Saft auspressen. Den Saft evtl. mit Wasser auf 500 ml (½ l) Flüssigkeit auffüllen. Zitronenschale, -saft und Zucker in einem Topf zum Kochen bringen.

{6} Eier und Eigelb in einer Rührschüssel verschlagen. Den kochenden Zitronensaft unter Rühren in die Eiermasse gießen. Ein Sieb auf den Topf legen. Die Zitronen-Eier-Masse durch das Sieb zurück in den Topf gießen. Die Masse unter ständigem Rühren mit dem Schneebesen erhitzen, bis die Zitronenmasse dick-cremig wird. Die Butter in grobe Würfel schneiden, in die Zitronenmasse geben und so lange rühren, bis die Butter geschmolzen ist. Den Topf von der Kochstelle nehmen.

{7} Die Zitronencreme auf dem vorgebackenen Knetteigboden verteilen. Die Form wieder auf dem Rost in den heißen Backofen schieben. Die Tarte bei gleicher Backofentemperatur in etwa 25 Minuten fertig backen. Die Oberfläche sollte leicht gebräunt sein.

{8} Die Form auf einen Kuchenrost stellen. Den Tarterand sofort mit einem Messer lösen. Die Tarte erkalten lassen.

Rhabarber-Quarktorte

Zum Vorbereiten:
50 g abgezogene, gemahlene Mandeln
80 g Butter
140 g Weizenmehl

Für den Mandelbiskuitteig:
6 Eier (Größe M)
120 g Zucker
1 Pck. Dr. Oetker Vanillin-Zucker

Für die Füllung:
1,2 kg Rhabarber
100 ml Wasser
250 g Zucker
1 Pck. Dr. Oetker Bourbon-Vanille-Zucker
10 Blatt weiße Gelatine
500 g Schlagsahne
500 g Magerquark

½ Pck. Tortenguss, klar, ungezuckert
125 ml (1/8 l) Rhabarbernektar
2 EL Zucker

Zubereitungszeit:
70 Minuten, ohne Kühlzeit
Backzeit:
etwa 35 Minuten

16 Stück

Pro Stück:
E: 10 g, F: 18 g, Kh: 36 g,
kJ: 1486, kcal: 355, BE: 3,0

RAFFINIERT

{1} Den Backofen vorheizen. Ober-/Unterhitze: etwa 200 °C, Heißluft: etwa 180 °C.

{2} Zum Vorbereiten Mandeln auf einem Backblech verteilen und in den vorgeheizten Backofen schieben. Die Mandeln etwa 10 Minuten bräunen, dabei einmal wenden. Das Backblech aus dem Backofen nehmen. Die Mandeln erkalten lassen. Die Butter in einem Topf leicht bräunen lassen. Anschließend die Butter durch ein feines Sieb gießen und etwas abkühlen lassen. Mehl mit den gebräunten Mandeln vermischen. Die Backofentemperatur auf Ober-/Unterhitze: etwa 180 °C, Heißluft: etwa 160 °C herunterschalten.

{3} Für den Teig Eier in einer Rührschüssel mit Handrührgerät mit Rührbesen auf höchster Stufe in 1 Minute schaumig schlagen. Zucker und Vanillin-Zucker mischen, in einer Minute unter Rühren einstreuen, dann noch etwa 5 Minuten zu einem elastischen Schaum aufschlagen.

{4} Mehl-Mandel-Mischung evtl. in 2 Portionen kurz auf niedrigster Stufe unterrühren. Butter unterheben. Den Teig in eine Springform (Ø 28 cm, mit Backpapier belegt) geben und glatt streichen. Die Form auf dem Rost in den vorgeheizten Backofen schieben. Den Biskuitboden etwa 35 Minuten backen.

{5} Die Form auf einen Kuchenrost stellen. Den Biskuitboden erkalten lassen. Dann aus der Form lösen. Biskuitboden einmal waagerecht durchschneiden. Den unteren Biskuitboden auf eine Tortenplatte legen. Einen Tortenring darumlegen.

{6} Für die Füllung Rhabarber abziehen, waschen, abtropfen lassen, Stielenden und Blattansätze entfernen. Die Stangen in etwa 3 cm lange Stücke schneiden. Wasser mit Zucker und Vanille-Zucker in einem Topf zum Kochen bringen. Rhabarberstücke hinzugeben. Rhabarberstücke zugedeckt 2–3 Minuten dünsten lassen.

{7} Gelatine in kaltem Wasser nach Packungsanleitung einweichen. Den Topf mit dem Rhabarber von der Kochstelle nehmen. Einige Rhabarberstücke zum Garnieren herausnehmen, auf einen Teller legen und beiseitestellen. Eingeweichte Gelatine leicht ausdrücken und in der heißen Rhabarbermasse unter Rühren auflösen. Die Rhabarbermasse in Eiswasser unter gelegentlichem Rühren gelieren lassen.

{8} Sahne steif schlagen. 200 g der steif geschlagenen Sahne zum Garnieren abnehmen und kalt stellen. Den Quark unter die gelierte Rhabarbermasse rühren. Restliche Sahne unterheben.

{9} Die Hälfte der Rhabarber-Sahne-Creme auf den unteren Biskuitboden streichen. Den oberen Biskuitboden darauflegen. Restliche Rhabarber-Sahne-Creme darauf verteilen. Die Torte etwa 4 Stunden kalt stellen.

{10} Den Tortenring lösen und entfernen. Die kalt gestellte Sahne durchrühren und mit einem Esslöffel an den Tortenrand streichen. Die beiseitegestellten Rhabarberstücke auf der Tortenoberfläche verteilen. Aus Tortengusspulver, Rhabarbernektar und Zucker einen Guss nach Packungsanleitung zubereiten. Die Rhabarberstücke damit bestreichen. Restlichen Guss auf die Tortenoberfläche träufeln. Guss fest werden lassen.

Schokoladen-Dattel-Kuchen

Zum Vorbereiten:
200 g abgezogene, gemahlene Mandeln
80 g Speisestärke
150 g getrocknete Datteln
200 g Zartbitter-Kuvertüre
250 g weiche Butter

7 Eigelb (Größe L)
150 g Zucker
30 ml starker Espresso
7 Eiweiß (Größe L)
1 Prise Salz

Zum Bestäuben:
Kakaopulver

Zubereitungszeit:
50 Minuten
Backzeit:
etwa 50 Minuten

16 Stück

Pro Stück:
E: 7 g, F: 27 g, Kh: 27 g,
kJ: 1576, kcal: 377, BE: 2,0

RAFFINIERT

{1} Zum Vorbereiten Mandeln mit Speisestärke vermischen. Datteln entsteinen und grob hacken. Kuvertüre in Stücke hacken, mit der Butter in einer Edelstahlschüssel im heißen Wasserbad bei schwacher Hitze unter Rühren schmelzen. Die Schüssel aus dem Wasserbad nehmen.

{2} Den Backofen vorheizen. Ober-/Unterhitze: etwa 160 °C, Heißluft: etwa 140 °C.

{3} Eigelb mit 50 g des Zuckers und Espresso in eine zweite Edelstahlschüssel geben und mit Handrührgerät mit Rührbesen im heißen Wasserbad schaumig schlagen. Den Eigelbschaum unter die geschmolzene Schokolade rühren.

{4} Eiweiß mit Salz in einer Rührschüssel mit Handrührgerät mit Rührbesen steif schlagen. Restlichen Zucker (100 g) hinzugeben und weitere etwa 4 Minuten schaumig schlagen. Die Hälfte des Eischnees mit den vorbereiteten Datteln und der Mandelmischung unter die Schokoladenbutter rühren. Restlichen Eischnee vorsichtig unter die Masse heben.

{5} Die Masse in eine Springform (Ø 28 cm, mit Backpapier belegt) geben und glatt streichen. Die Form auf dem Rost in den vorgeheizten Backofen schieben. Den Kuchen etwa 50 Minuten backen.

{6} Die Form auf einen Kuchenrost stellen. Den Kuchen in der Form erkalten lassen. Den Kuchen aus der Form lösen und auf eine Tortenplatte setzen. Die Kuchenoberfläche mit Kakao bestäuben.

Walnuss-Mousse-Torte

Für den Knetteig:
100 g Weizenmehl
50 g Zucker
80 g Butter oder Margarine
1 Eigelb (Größe M)

Für den Walnussbiskuitteig:
150 g Weizenmehl
100 g gemahlene Walnusskerne
7 Eier (Größe L)
120 g Zucker
1 Pck. Dr. Oetker Vanillin-Zucker
80 g zerlassene, gebräunte Butter

Für die Mousse-au-chocolat-Creme:
300 g Zartbitter-Kuvertüre
400 g Schlagsahne

Zum Verzieren und Garnieren:
200 g Zartbitter-Kuvertüre
Backpapier
20 Walnusskernhälften
3 EL Zucker
1 EL Kakaopulver

Zubereitungszeit:
70 Minuten, ohne Kühlzeit
Backzeit:
etwa 20 Minuten

16 Stück

Pro Stück:
E: 9 g, F: 36 g, Kh: 43 g,
kJ: 2209, kcal: 529, BE: 3,5

ETWAS BESONDERES

{1} Den Backofen vorheizen. Ober-/Unterhitze: etwa 180 °C, Heißluft: etwa 160 °C.

{2} Für den Teig Mehl in eine Rührschüssel geben. Zucker, Butter oder Margarine und Eigelb hinzufügen. Die Zutaten mit Handrührgerät mit Knethaken zunächst kurz auf niedrigster, dann auf höchster Stufe gut durcharbeiten. Anschließend auf einer bemehlten Arbeitsfläche zu einem glatten Teig verkneten und zu einer runden Platte (Ø etwa 28 cm) ausrollen. Die Teigplatte in eine Springform (Ø 28 cm, mit Backpapier belegt) legen. Die Form auf dem Rost in den vorgeheizten Backofen schieben. Den Knetteigboden etwa 20 Minuten backen.

{3} Den Knetteigboden aus der Form lösen und auf einem Kuchenrost erkalten lassen.

{4} Für den Biskuitteig Mehl mit Walnusskernen mischen. Eier in einer Rührschüssel mit Handrührgerät mit Rührbesen auf höchster Stufe in 1 Minute schaumig schlagen. Zucker mit Vanillin-Zucker mischen, in 1 Minute unter Rühren einstreuen, dann noch etwa 4 Minuten schlagen.

{5} Mehl-Walnuss-Mischung in 2 Portionen kurz auf niedrigster Stufe unterrühren. Butter unterheben. Den Teig in eine Springform (Ø 28 cm, mit Backpapier belegt) geben und glatt streichen. Die Form auf dem Rost in den vorgeheizten Backofen schieben. Den Biskuitboden etwa 40 Minuten backen.

{6} Die Form auf einen Kuchenrost stellen. Den Biskuitboden aus der Form lösen und auf dem Kuchenrost erkalten lassen. Den Biskuitboden in vier dünne Böden schneiden.

{7} Für die Creme Kuvertüre in Stücke hacken, in einer großen Metallschüssel im heißen Wasserbad bei schwacher Hitze unter Rühren schmelzen. Sahne in 2 Portionen steif schlagen. Ein Viertel der Sahne unter die heiße Kuvertüre rühren, sodass eine glatte Masse entsteht. Restliche Sahne unterheben. Etwa 3 Esslöffel der Schokosahne auf den Knetteigboden geben und glatt streichen. Einen Biskuitboden darauflegen und wieder mit 3 Esslöffeln Schokosahne bestreichen. So weiter verfahren, bis alle Böden aufgeschichtet sind. Die Tortenoberfläche und den -rand mit der restlichen Schokosahne bestreichen. Die Torte in den Kühlschrank stellen.

{8} Zum Verzieren und Garnieren Kuvertüre wie unter Punkt 7 beschrieben schmelzen. Die Kuvertüre auf Backpapier geben und zu einer runden Platte (Ø etwa 36 cm) verstreichen. Kuvertüre etwas anziehen lassen. Das Backpapier mit der Kuvertürenseite nach unten auf die Tortenoberfläche legen. Den Rand andrücken. Die Torte wieder etwa 1 Stunde in den Kühlschrank stellen.

{9} Den Backofen vorheizen. Ober-/Unterhitze: etwa 180 °C, Heißluft: etwa 160 °C.

{10} Walnusskernhälften auf einem Backblech verteilen und in den vorgeheizten Backofen schieben. Walnusskernhälften etwa 10 Minuten erwärmen. Zucker in einem Topf bei mittlerer Hitze karamellisieren. Die Walnusskernhälften vom Backblech nehmen, zu der Karamellmasse geben und vermischen. Die Walnusskernhälften herausnehmen und auf Backpapier erkalten lassen.

{11} Das Backpapier vorsichtig von der Kuvertüre lösen. Kuvertürenplatte mit Kakao bestäuben. Die Walnusskernhälften darauf verteilen.

Mediterrane Tortenträume

Profiteroles, Schokoladencreme,
Zuccotto, Mandel-Panna-Cotta,
Buttermilch-Grenadine und Erdbeer-Baiser

Buttermilch-Grenadine-Torte

Für den Knetteig:
180 g Weizenmehl
100 g kalte Butter
40 g gesiebter Puderzucker
2 EL Eiswasser
1 Prise Salz
1 EL Weizenmehl zum Bestäuben der Arbeitsplatte

Für den Biskuitteig:
6 Eier (Größe M)
150 g Zucker
180 g Weizenmehl

3 EL Johannisbeergelee zum Bestreichen

150 ml Grenadinesirup
150 ml Zitronensaft (von etwa 4 Zitronen)

Für die Füllung:
9 Blatt weiße Gelatine
500 g frische Himbeeren
900 g Schlagsahne
750 ml (¾ l) Buttermilch
150 g Zucker

800 g Schlagsahne
60 g Zucker
3 Pck. Dr. Oetker Sahnesteif

Zubereitungszeit:
100 Minuten, ohne Abkühlzeit
Backzeit:
Knetteig etwa 15 Minuten
Backzeit:
Biskuitteig etwa 40 Minuten

16 Stück

Pro Stück:
E: 10 g, F: 42 g, Kh: 60 g,
kJ: 2776, kcal: 664, BE: 5,0

RAFFINIERT – ETWAS AUFWENDIGER

{1} Den Backofen vorheizen. Ober-/Unterhitze: etwa 200 °C, Heißluft: etwa 180 °C.

{2} Für den Knetteig Mehl in eine Rührschüssel geben. In Würfel geschnittene Butter, Zucker, Eiswasser und Salz hinzufügen. Die Zutaten mit Handrührgerät mit Knethaken zunächst kurz auf niedrigster, dann auf höchster Stufe gut durcharbeiten. Anschließend auf einer bemehlten Arbeitsfläche zu einem glatten Teig verkneten. Den Teig zu einer runden Platte (Ø etwa 28 cm) ausrollen und auf ein Backblech (mit Backpapier belegt) legen. Das Backblech in den vorgeheizten Backofen schieben. Den Knetteigboden etwa 15 Minuten backen.

{3} Die Backofentemperatur auf Ober-/Unterhitze: etwa 180 °C, Heißluft: etwa 160 °C herunterschalten. Den Knetteigboden vom Backpapier lösen und auf einem Kuchenrost erkalten lassen. Den Knetteigboden auf eine Tortenplatte legen.

{4} Für den Biskuitteig Eier in einer Rührschüssel mit Handrührgerät mit Rührbesen auf höchster Stufe in 1 Minute schaumig schlagen. Zucker in 1 Minute unter Rühren einstreuen, dann noch etwa 5 Minuten schlagen, sodass ein elastischer Schaum entsteht. Mehl kurz auf niedrigster Stufe unterrühren. Den Teig in eine Springform (Ø 28 cm, mit Backpapier belegt) geben und glatt streichen. Die Form auf dem Rost in den vorgeheizten Backofen schieben. Den Biskuitboden etwa 40 Minuten backen.

{5} Die Form auf einen Kuchenrost stellen. Den Biskuitboden etwas abkühlen lassen, dann aus der Form lösen und auf einem Kuchenrost erkalten lassen. Biskuitboden 2-mal waagerecht durchschneiden.

{6} Johannisbeergelee glatt rühren. Den Knetteigboden damit bestreichen. Den unteren Biskuitboden darauflegen. Einen Tortenring darumlegen.

{7} Grenadinesirup mit Zitronensaft verrühren. Ein Drittel davon auf dem unteren Biskuitboden verteilen.

{8} Für die Füllung Gelatine in kaltem Wasser nach Packungsanleitung einweichen. Himbeeren verlesen, evtl. kurz abspülen und trocken tupfen. Sahne in 2 Portionen steif schlagen.

{9} Eingeweichte Gelatine ausdrücken, in einem kleinen Topf bei schwacher Hitze unter Rühren erwärmen (nicht kochen), bis sie völlig gelöst ist. Zuerst die Hälfte der Buttermilch unterrühren und in eine große Schüssel geben. Restliche Buttermilch und Zucker unterrühren. Die Schüssel in Eiswasser stellen, bis die Masse anfängt zu gelieren, dabei gelegentlich umrühren. Die steif geschlagene Sahne portionsweise unterheben. 125 g Himbeeren untermischen.

{10} Ein Drittel der Creme auf dem vorbereiteten Biskuitboden verteilen. Den mittleren Biskuitboden darauflegen und mit der Hälfte der restlichen Grenadine-Zitronen-Mischung tränken. Zwei Drittel der restlichen Creme darauf verstreichen. Den oberen Biskuitboden darauflegen und mit der restlichen Grenadine-Zitronen-Mischung tränken. Restliche Creme daraufgeben und glatt streichen. Die Torte etwa 4 Stunden kalt stellen.

{11} Tortenring lösen und entfernen. Sahne mit Zucker und Sahnesteif steif schlagen und in einen Spritzbeutel mit Sterntülle (Ø 10 mm) füllen. Den Tortenrand damit verzieren. Kurz vor dem Servieren die Tortenoberfläche mit den restlichen Himbeeren belegen.

Erdbeer-Baiser-Torte
(Glutenfrei)

Für das Baiser:
350 ml Eiweiß
(von etwa 12 Eiern, Größe L)
1 Prise Salz
300 g Zucker
70 g gesiebte Kartoffelstärke

Für den Buchweizen-Biskuitteig:
4 Eier (Größe L)
80 g Zucker
150 g Buchweizen-Vollkornmehl

Für die Füllung:
1 kg Erdbeeren
3 Blatt weiße Gelatine
500 ml (½ l) Milch
1 Beutel aus 1 Pck. Götterspeise
Waldmeister-Geschmack
150 g Zucker
800 g Schlagsahne
2 Pck. Dr. Oetker Bourbon-
Vanille-Zucker
60 g Zucker

evtl. 1 EL Puderzucker

Außerdem:
20 g Butter für die Backbleche

Zubereitungszeit:
90 Minuten, ohne Kühlzeit
Trockenzeit:
Baiser etwa 8 Stunden
Backzeit:
Biskuit etwa 40 Minuten

16 Stück

Pro Stück:
E: 9 g, F: 20 g, Kh: 54 g,
kJ: 1825, kcal: 436 BE: 4,5

ETWAS AUFWENDIGER – RAFFINIERT

{1} Den Backofen vorheizen. Heißluft: etwa 100 °C. Zwei Backbleche mit Backpapier belegen und jeweils einen Kreis (Ø knapp 26 cm) aufzeichnen. Backpapier hauchdünn mit Butter bestreichen.

{2} Für das Baiser Eiweiß und Salz mit Handrührgerät mit Rührbesen steif schlagen. 50 g des Zuckers unterschlagen. Restlichen Zucker esslöffelweise hinzugeben und weitere etwa 15 Minuten schlagen. Kartoffelstärke zügig unterrühren.

{3} Etwa zwei Drittel der Baisermasse dünn in den vorgezeichneten Kreisen verstreichen. Von der restlichen Baisermasse mit einem Teelöffel 32 feigengroße, ovale Nocken abstechen und auf den Backblechen verteilen. Die Backbleche zusammen in den vorgeheizten Backofen schieben. Baiser bei Heißluft 90 Minuten trocknen lassen. Anschließend die Heißlufttemperatur auf etwa 60 °C herunterschalten und die Backofentür einen Spalt öffnen (evtl. einen Kochlöffel dazwischenstecken). Baiser etwa 5 Stunden trocknen lassen. Dann die Backofentür wieder schließen und die Backofentemperatur auf Ober-/Unterhitze: etwa 50 °C herunterschalten. Baiser weitere etwa 90 Minuten trocknen lassen. Die Backbleche auf Kuchenroste stellen. Baiser erkalten lassen und bis zur weiteren Verwendung trocken lagern.

{4} Den Backofen vorheizen. Ober-/Unterhitze: etwa 180 °C, Heißluft: etwa 160 °C.

{5} Für den Biskuitteig aus den angegebenen Zutaten – wie auf Seite 37 beschrieben – einen Biskuitteig zubereiten. Den Teig in eine Springform (Ø 26 cm, mit Backpapier belegt) geben und glatt streichen. Die Form auf dem Rost in den vorgeheizten Backofen schieben. Den Biskuitboden etwa 40 Minuten backen.

{6} Den Biskuitboden aus der Form lösen, erkalten lassen und einmal waagerecht durchschneiden. Den unteren Biskuitboden auf eine Tortenplatte legen. Einen Tortenring (etwa 8 cm Höhe) darumlegen. Die Baiserböden vom Backpapier lösen.

{7} Für die Füllung Erdbeeren putzen, waschen, abtropfen lassen und entstielen. 500 g der Erdbeeren in Scheiben schneiden. Restliche Erdbeeren kalt stellen. Gelatine in kaltem Wasser nach Packungsanleitung einweichen. Milch mit Götterspeisepulver verrühren, unter Rühren erhitzen (nicht kochen), bis das Götterspeisepulver aufgelöst ist. Die Waldmeistermilch in eine Schüssel geben. Eingeweichte Gelatine ausdrücken und unter Rühren in der Waldmeistermilch auflösen. Zucker unterrühren. Die Rührschüssel in Eiswasser stellen. Die Waldmeistermilch unter gelegentlichem Rühren gelieren lassen.

{8} Sahne mit Zucker und Vanille-Zucker in 2 Portionen steif schlagen. 300 g der Sahne zum Verzieren in den Kühlschrank stellen. Restliche Sahne portionsweise unter die gelierte Waldmeistermilch heben. Erdbeerscheiben ebenfalls unterheben. Ein Drittel der Creme auf den unteren Biskuitboden geben und glatt streichen. Einen Baiserboden darauflegen. Wieder ein Drittel der Creme daraufstreichen. Den zweiten Baiserboden darauflegen. Restliche Creme daraufgeben und glatt streichen. Mit dem oberen Biskuitboden belegen und leicht andrücken. Die Torte mindestens 6 Stunden in den Kühlschrank stellen.

{9} Den Tortenring lösen und entfernen. Tortenrand und -oberfläche mit der kalt gestellten Sahne bestreichen. Kurz vor dem Servieren die Baisertupfen vom Backpapier lösen und an den Tortenrand drücken. Die kalt gestellten Erdbeeren auf der Tortenoberfläche verteilen. Nach Belieben mit Puderzucker bestäuben.

Mandel-Panna-cotta mit Sauerkirschen

Zum Vorbereiten:
200 g nicht abgezogene Mandeln

Für den Biskuitteig:
6 Eier (Größe M)
120 g Zucker
1 Pck. Dr. Oetker Vanillin-Zucker
160 g Weizenmehl

Für den Vanillesirup:
1 Vanilleschote
200 ml Wasser
150 g Zucker

Für die Mandel-Panna-cotta:
300 ml Milch
200 g Schlagsahne
6 Blatt weiße Gelatine
150 g Zucker
600 g Schlagsahne

Für den Belag:
2 Gläser Sauerkirschen
(Abtropfgewicht je 350 g)
2 Pck. Tortenguss, klar, ungezuckert
100 g Zucker
1 TL gemahlener Zimt
500 ml (½ l) Sauerkirschsaft
(aus den Gläsern)

Für die Ornamente:
150 g Zartbitter-Kuvertüre
1 TL Rum

Zubereitungszeit
80 Minuten, ohne Kühlzeit
Backzeit:
etwa 35 Minuten

16 Stück

Pro Stück:
E: 8 g, F: 26 g, Kh: 61 g,
kJ: 2150, kcal: 514, BE: 5,0

MIT ALKOHOL

{1} Den Backofen vorheizen. Ober-/Unterhitze: etwa 200 °C, Heißluft: etwa 180 °C.

{2} Zum Vorbereiten Mandeln auf einem Backblech verteilen und in den vorgeheizten Backofen schieben. Die Mandeln etwa 15 Minuten rösten, dabei die Mandeln einmal wenden. Mandeln vom Backblech nehmen und erkalten lassen.

{3} Für den Teig Eier in einer Rührschüssel mit Handrührgerät mit Rührbesen auf höchster Stufe in 1 Minute schaumig schlagen. Zucker und Vanillin-Zucker mischen, in einer Minute unter Rühren einstreuen, dann noch etwa 5 Minuten schlagen, sodass ein elastischer Schaum entsteht. Mehl kurz auf niedrigster Stufe unterrühren. Den Teig in eine Springform (Ø 28 cm, mit Backpapier belegt) geben und glatt streichen. Die Form auf dem Rost in den vorgeheizten Backofen schieben. Den Biskuitboden etwa 35 Minuten backen.

{4} Die Form auf einen Kuchenrost stellen. Den Biskuitboden erkalten lassen und aus der Form lösen. Backpapier entfernen.

{5} Für den Sirup Vanilleschote längs halbieren, das Mark herausschaben. Vanilleschote und -mark mit Wasser und Zucker zum Kochen bringen. Topf von der Kochstelle nehmen. Vanilleschote entfernen. Sirup erkalten lassen.

{6} Den Biskuitboden waagerecht halbieren. Unteren Boden auf eine Tortenplatte legen. Tortenring darumlegen. Unteren Boden mit dem Sirup beträufeln.

{7} Für die Panna cotta die gerösteten Mandeln in einem Blitzhacker fein mahlen. Milch und Sahne in einem Topf zum Kochen bringen. Die Mandeln unterrühren, einmal aufkochen und etwa 10 Minuten bei schwacher Hitze ziehen lassen. Gelatine in kaltem Wasser nach Packungsanleitung einweichen. Die heiße Mandelmilch durch ein Sieb in eine Schüssel gießen. Die Mandeln mit einer Schöpfkelle ausdrücken und entfernen. Gelatine ausdrücken und in der heißen Mandelmilch unter Rühren auflösen. Zucker unterrühren. Die Schüssel in Eiswasser stellen. Die Mandelmilch unter gelegentlichem Rühren gelieren lassen.

{8} Sahne steif schlagen. Die gelierte Mandelmilch glatt rühren. Die Sahne portionsweise unterheben. Die Mandelsahne auf den unteren Biskuitboden geben und glatt streichen. Den oberen Biskuitboden darauflegen. Die Torte mindestens 4 Stunden in den Kühlschrank stellen.

{9} Für den Belag Sauerkirschen in einem Sieb abtropfen lassen. Den Saft dabei auffangen und 500 ml (½ l) Saft abmessen. Aus Tortengusspulver, Zucker, Zimt und Saft einen Guss nach Packungsanleitung zubereiten. Sauerkirschen in den kochenden Tortenguss rühren. Die Sauerkirschmasse etwas abkühlen lassen und gleichmäßig auf der Torte verteilen. Die Sauerkirschmasse erkalten lassen. Den Tortenring lösen und entfernen.

{10} Für die Ornamente einen Backpapierstreifen von 8 cm x 90 cm zuschneiden (oder 2 Streifen je 8 x 45 cm). Kuvertüre grob hacken, in einem kleinen Topf im heißen Wasserbad bei schwacher Hitze unter Rühren schmelzen. Rum tropfenweise unterrühren, bis eine cremige Konsistenz entstanden ist, in einen Gefrierbeutel füllen und eine kleine Ecke abschneiden. Die vorbereiteten Papierstreifen damit beliebig bespritzen. Kuvertüre etwas anziehen lassen. Papierstreifen mit der Schokoladenseite nach innen an den Tortenrand legen. Die Torte in den Kühlschrank stellen. Kuvertüre fest werden lassen. Papierstreifen vorsichtig abziehen.

Profiteroles-Torte

Für den Brandteig:
400 ml Wasser
1 Prise Salz
150 g Butter
270 g Weizenmehl
6 Eier (Größe M)

Für die Vanillecreme:
600 ml Milch
2 Pck. Dr. Oetker Pudding-Pulver Vanille-Geschmack
400 g Schlagsahne
140 g Zucker
1 Pck. Dr. Oetker Bourbon-Vanille-Zucker
1 Vanilleschote

Für die Vanillesahne:
3 Blatt weiße Gelatine
800 g Schlagsahne
140 g Zucker

Für die Schokoladensauce:
200 g Schlagsahne
200 g Zartbitter-Kuvertüre

Zubereitungszeit:
90 Minuten, ohne Kühlzeit
Backzeit:
etwa 30 Minuten

16 Stück

Pro Stück:
E: 9 g, F: 44 g, Kh: 45 g,
kJ: 2546, kcal: 609, BE: 4,0

ETWAS BESONDERES

{1} Zwei Backbleche mit Backpapier belegen. Auf einem Backblech (Backpapier) einen Kreis (Ø etwa 28 cm) aufzeichnen.

{2} Den Backofen vorheizen. Heißluft: etwa 200 °C.

{3} Für den Brandteig Wasser mit Butter und Salz am besten in einem Stieltopf zum Kochen bringen. Den Topf von der Kochstelle nehmen. Mehl auf einmal in die heiße Flüssigkeit geben. Alles zu einem glatten Teigkloß verrühren, dann etwa 1 Minute unter ständigem Rühren erhitzen (abbrennen) und in eine Rührschüssel geben. Etwas abkühlen lassen. 5 Eier nacheinander mit Handrührgerät mit Knethaken auf höchster Stufe unter den Teig arbeiten. Das letzte Ei verschlagen und nur so viel davon unter den Teig arbeiten, bis er stark glänzt und in langen Spitzen an einem Löffel hängen bleibt.

{4} Den Teig in einen großen Spritzbeutel mit großer Sterntülle (Ø 12 mm) geben und zunächst den vorgezeichneten Kreis dünn mit dem Teig ausspritzen. Insgesamt 64 walnussgroße Tupfen auf den zwei Backblechen verteilen. Die Backbleche zusammen in den vorgeheizten Backofen schieben. Den Brandteigboden und die -tupfen etwa 30 Minuten backen.

{5} Den Brandteigboden und die -tupfen mit dem Backpapier von den Backblechen auf Kuchenroste ziehen und erkalten lassen.

{6} Für die Vanillecreme 200 ml der Milch mit Pudding-Pulver glatt rühren. Restliche Milch, Sahne und Zucker in einen Topf geben. Vanilleschote längs aufschneiden und das Mark mit einem Messerrücken herausschaben. Vanilleschote in die Sahnemilch geben und zum Kochen bringen. Vanillemark beiseitelegen. Angerührtes Pudding-Pulver in die von der Kochstelle genommene Sahnemilch rühren und unter Rühren einmal aufkochen lassen. Die Vanilleschote entfernen. Frischhaltefolie auf die Puddingoberfläche legen. Pudding kalt stellen.

{7} Den Brandteigboden auf eine Tortenplatte legen. Einen Tortenring (10 cm Höhe) darumlegen (evtl. mit einem Klebestreifen festkleben). Die Unterseite der Profiteroles mit der Sterntülle „aufbohren". Die Vanillecreme glatt rühren und in einen Spritzbeutel mit kleiner Lochtülle (Ø 3–4 mm) füllen. Die Vanillecreme in die Profiteroles spritzen. Restliche Vanillecreme auf den Brandteigboden streichen. 25 gefüllte Profiteroles daraufsetzen.

{8} Für die Vanillesahne Gelatine in kaltem Wasser nach Packungsanleitung einweichen. Sahne mit beiseitegestelltem Vanillemark in 2 Portionen steif schlagen. Eingeweichte Gelatine ausdrücken und in einem kleinen Topf unter Rühren erwärmen (nicht kochen), bis sie völlig gelöst ist. Gelatine zunächst mit 2 Esslöffeln der Sahne verrühren. Dann unter die restliche Sahne rühren. Die Hälfte der Vanillesahne auf den 25 Profiteroles in dem Tortenring verstreichen. Wieder 25 gefüllte Profiteroles daraufsetztén. Die restliche Vanillesahne darauf verstreichen. Die restlichen 14 gefüllten Profiteroles darauf verteilen. Die Torte mindestens 12 Stunden in den Kühlschrank stellen.

{9} Für die Schokoladensauce Sahne in einem Topf erwärmen (nicht zu heiß werden lassen). Kuvertüre grob hacken und in der Sahne unter Rühren schmelzen lassen. Die Schokoladensauce abkühlen lassen, bis sie dickflüssig ist.

{10} Den Tortenring lösen und entfernen. Etwas von der Schokoladensauce auf die Tortenoberfläche träufeln. Restliche Schokoladensauce dazureichen.

Schokoladencreme-Torte

Zum Vorbereiten für die Schokoladencreme:
300 g Schlagsahne
300 g Zartbitter-Kuvertüre

Für den Teig:
300 g Zartbitter-Kuvertüre
150 g Butter
150 g Löffelbiskuits
12 Eigelb (Größe M)
2 Pck. Dr. Oetker Bourbon-Vanille-Zucker
12 Eiweiß (Größe M)
250 g abgezogene, gemahlene Mandeln
200 g Zucker

350 g Aprikosenkonfitüre

100 g Zartbitter-Kuvertüre
20 g Puderzucker

Zubereitungszeit:
50 Minuten, ohne Kühlzeit
Backzeit:
etwa 90 Minuten

16 Stück

Pro Stück:
E: 13 g, F: 44 g, Kh: 59 g, kJ: 2844, kcal: 682, BE: 5,0

RAFFINIERT

{1} Zum Vorbereiten für die Creme Sahne in einem Topf erwärmen (Sahne nicht zu heiß werden lassen). Kuvertüre in Stücke hacken. Den Topf von der Kochstelle nehmen. Kuvertüre in die Sahne geben und unter Rühren schmelzen. Schokoladensahne abkühlen lassen und zugedeckt etwa 2 Stunden in den Kühlschrank stellen.

{2} Ein Backblech mit Backpapier belegen. Einen Tortenring (Ø 22 cm, 10 cm Höhe) daraufstellen. Die Backpapierecken am äußeren Rand hochziehen und die Ecken zusammendrehen. Mit einem Bindfaden festbinden.

{3} Den Backofen vorheizen. Ober-/Unterhitze: etwa 180 °C, Heißluft: etwa 160 °C.

{4} Für den Teig Kuvertüre in Stücke hacken, in einer Edelstahlschüssel im heißen Wasserbad bei schwacher Hitze unter Rühren schmelzen. Die Butter hinzugeben und unter Rühren schmelzen lassen. Löffelbiskuits in einem Blitzhacker fein mahlen.

{5} Eigelb unter Rühren zur Schokoladenbutter geben und mit einem Schneebesen glatt rühren. Vanille-Zucker unterrühren. Keksbrösel und Mandeln auf die Schokoladenbutter-Eigelb-Masse geben (noch nicht verrühren). Eiweiß mit Handrührgerät mit Rührbesen steif schlagen. Zucker hinzugeben und unterschlagen, sodass eine elastische Masse entsteht. Eischnee portionsweise mit einem Teigschaber unter die Schokoladen-Mandel-Masse heben.

{6} Die Masse in den vorbereiteten Tortenring geben und glatt streichen. Das Backblech in den vorgeheizten Backofen (unterste Schiene) schieben. Den Tortenboden etwa 90 Minuten backen.

{7} Das Backblech auf einen Kuchenrost stellen. Den Tortenboden erkalten lassen. Tortenring lösen und entfernen.

{8} Die kalt gestellte Schokoladensahne mit Handrührgerät mit Rührbesen zu einer Creme aufschlagen.

{9} Den Tortenboden in 8 dünne Böden schneiden. Die Konfitüre glatt rühren. Böden dünn mit je 1 Esslöffel Konfitüre und 2 Esslöffeln Schokoladencreme bestreichen. Die einzelnen Böden wieder zu einer Torte zusammensetzen. Restliche Schokoladencreme auf dem oberen Boden verteilen.

{10} Von der Kuvertüre mit einem Messer oder Sparschäler Raspel abschaben und auf die Tortenoberfläche streuen. Mit Puderzucker bestäuben.

TIPP: Den Boden am Vortag backen, dann lässt er sich einfacher in dünne Böden schneiden.

Spanischer Mandelkuchen
(Laktosefrei)

Für den Teig:
1 Bio-Zitrone (unbehandelt, ungewachst)
8 Eier (Grösse L)
1 Prise Salz
275 g Zucker
500 g abgezogene, fein gemahlene Mandeln

Zum Bestäuben und Verzieren:
50 g Puderzucker
100 g Zucker

Zubereitungszeit:
20 Minuten, ohne Abkühlzeit
Backzeit:
etwa 60 Minuten

16 Stück

Pro Stück:
E: 9 g, F: 30 g, Kh: 35 g, kJ: 1885, kcal: 450, BE: 3,0

EINFACH

{1} Den Backofen vorheizen. Ober-/Unterhitze: etwa 180 °C, Heißluft: etwa 160 °C.

{2} Zitrone heiß abwaschen, abtrocknen und die Schale abreiben. Eier, Zitronenschale und Salz in einer Rührschüssel mit Handrührgerät mit Rührbesen auf höchster Stufe etwa 4 Minuten schaumig schlagen. Zucker hinzugeben und weitere etwa 10 Minuten schlagen, bis ein fester Schaum entstanden ist. Mandeln unterheben.

{3} Den Teig in eine Springform (Ø 28 cm, mit Backpapier belegt) geben und glatt streichen. Die Form auf dem Rost in den vorgeheizten Backofen schieben. Den Mandelkuchen etwa 60 Minuten backen.

{4} Die Form auf einen Kuchenrost stellen. Den Kuchenrand sofort mit einem Messer vom Formrand lösen. Den Kuchen in der Form erkalten lassen.

{5} Den Kuchen in der Form in Frischhaltefolie wickeln und bis zum Servieren in den Kühlschrank stellen.

{6} Den Kuchen aus der Form lösen. Eine Alu-Tortenscheibe auf die Kuchenoberfläche legen. Den Kuchen umdrehen und das Backpapier abziehen. Eine umgedrehte Tortenplatte auf den Kuchen legen. Kuchen stürzen.

{7} Zum Bestäuben und Verzieren die Kuchenoberfläche mit Puderzucker bestäuben.

{8} Zucker in einem kleinen Topf bei mittlerer Hitze karamellisieren lassen. Karamell etwas abkühlen lassen. Die Kuchenoberfläche damit beträufeln.

Tipps: Der Kuchen sollte mehrere Tage im Kühlschrank durchziehen. Aber bitte gut einwickeln, da der Mandelkuchen sehr leicht Fremdgerüche annimmt. Sie können den Kuchen zum Servieren mit wenig Puderzucker bestäuben. Während dieser Zeit löst sich der Karamell auf und verleiht dem Kuchen einen besonderen Geschmack. Möchten Sie den Karamell auch auf dem Kuchen, bereiten Sie ihn am Tage des Servierens frisch zu. Träufeln Sie den Karamell auf den mit frischem Puderzucker bestäubten Kuchen.

Zuccotto

Für den Biskuitteig:
6 Eier (Größe M)
140 g Puderzucker
1 Prise Salz
160 g Weizenmehl

Zum Tränken:
30 ml Rum
70 ml Amaretto (Mandellikör)

Für die Füllung:
80 g geröstete Haselnusskerne
150 g nicht abgezogene Mandeln
80 g Puderzucker
100 g Baisertupfen (Fertigprodukt)
400 g Zartbitter-Schokolade
1200 g Schlagsahne
80 g Puderzucker

2 Pck. Dr. Oetker Bourbon-Vanille-Zucker
2 EL Kakaopulver

Außerdem:
1 halbkugelförmige Schüssel
(Ø 28 cm, 3-Liter-Inhalt)

Zubereitungszeit:
70 Minuten, ohne Abkühlzeit
Backzeit:
10–12 Minuten

16 Stück

Pro Stück:
E: 10 g, F: 43 g, Kh: 44 g,
kJ: 2573, kcal: 615, BE: 3,5

MIT ALKOHOL

{1} Ein Backblech mit Backpapier belegen. Die Papierränder hochknicken und evtl. mit einer Büroklammer (Metall ohne Kunststoffummantelung) fixieren. Einen Kreis (Ø etwa 28 cm) auf das Backpapier zeichnen. Ein zweites Backblech (30 x 40 cm) mit Backpapier belegen.

{2} Den Backofen vorheizen. Heißluft: etwa 160 °C.

{3} Für den Teig Eier in einer Rührschüssel mit Handrührgerät mit Rührbesen auf höchster Stufe in 1 Minute schaumig schlagen. Zucker mit Salz mischen, in 1 Minute unter Rühren einstreuen, dann noch etwa 5 Minuten schlagen. Mehl kurz auf niedrigster Stufe unterrühren. Etwa 5 Esslöffel des Teiges in den vorgezeichneten Kreis geben und verstreichen. Restlichen Teig auf das Backblech (30 x 40 cm) geben und glatt streichen. Die Backbleche zusammen in den vorgeheizten Backofen schieben. Die Biskuitböden bei Heißluft 10–12 Minuten backen.

{4} Die Backbleche auf Kuchenroste stellen. Biskuitböden abkühlen lassen. Die rechteckige Biskuitplatte auf mit Zucker bestreutes Backpapier stürzen. Mitgebackenes Backpapier abziehen. Die runde Biskuitplatte vom Backpapier lösen, auf einen Kuchenrost legen und beiseitestellen. Die rechteckige Biskuitplatte an der längeren Seite bis zur Hälfte einschneiden und mit der Backseite nach unten in die Schüssel (Ø 28 cm, 3-Liter-Inhalt) legen. Den überlappenden Biskuit abschneiden und die Schüssel damit ausfüllen. Den Biskuit am Schüsselrand gerade schneiden.

{5} Zum Tränken Rum mit Amaretto verrühren. Den Biskuit mit ¾ der Rum-Amaretto-Mischung tränken.

{6} Den Backofen vorheizen. Ober-/Unterhitze: etwa 180 °C, Heißluft: etwa 160 °C.

{7} Für die Füllung Haselnusskerne auf einem Backblech verteilen und in den vorgeheizten Backofen schieben. Haselnusskerne etwa 20 Minuten rösten. Haselnusskerne vom Backblech nehmen, auf ein Geschirrtuch geben und mit dem Tuch die Häutchen abreiben. Haselnusskerne grob hacken. Mandeln auf dem Backblech verteilen und bei gleicher Backofentemperatur 10 Minuten im Backofen erhitzen.

{8} Puderzucker in einem Topf karamellisieren. Mandeln unterrühren. Den Mandelkrokant auf Backpapier geben, erkalten lassen und grob hacken.

{9} Baisertupfen zerbröseln. 100 g der Schokolade grob hacken. Sahne portionsweise steif schlagen. Ein Drittel der Sahne kalt stellen. Restliche Sahne in eine große Rührschüssel geben. Puderzucker, Haselnusskerne, Mandelkrokant, Baiser und Schokolade vorsichtig untermischen. Die Sahnemasse bis zum Rand auf den Biskuit (Schüssel) streichen und eine Mulde hineindrücken. Die Schüssel mit Frischhaltefolie bedeckt in den Kühlschrank stellen.

{10} Restliche Schokolade (300 g) in Stücke brechen, in einer Edelstahlschüssel im heißen Wasserbad bei schwacher Hitze unter Rühren schmelzen. Die Hälfte der kalt gestellten Sahne zügig unter die heiße Schokolade rühren. Restliche Sahne unterheben. Die Schokoladensahne in die Mulde des Kuchens füllen und glatt streichen. Die runde Biskuitplatte darauflegen und das Backpapier abziehen. Restliche Rum-Amaretto-Mischung darauftr äufeln. Die Torte mindestens 6 Stunden in den Kühlschrank stellen.

{11} Die Torte auf eine Tortenplatte stürzen und mit Kakao bestäuben.

Edelste Fruchttorten

Kefir-Kirsch, Grand Marnier,
Mango-Sahne, Pfirsich-Rotwein,
gedeckter Apfel und als Krönung Haselnuss-Gianduja

Gedeckter Apfelkuchen

Für den Knetteig:
500 g Weizenmehl
300 g Butter oder Margarine
150 g Zucker
1 Ei (Größe L)
1 gestr. TL Salz
1 EL Wasser

Für die Füllung:
1,6 kg Äpfel, z. B. Boskop, Cox orange
Saft von 1 Zitrone
100 g Zucker
je 1 Msp. Zimt, Muskat, Ingwer, gemahlen
50 g Sultaninen

1 Ei (Größe M)
2 EL Milch

1 EL Puderzucker zum Bestäuben

Außerdem:
50 g Weizenmehl zum Ausrollen
20 g Butter zum Bestreichen des Formrandes

Zubereitungszeit:
70 Minuten, ohne Kühlzeit
Backzeit:
etwa 60 Minuten

16 Stück

Pro Stück:
E: 5 g, F: 18 g, Kh: 52 g,
kJ: 1653, kcal: 396, BE: 4,5

KLASSISCH

{1} Für den Teig Mehl in eine Rührschüssel geben. Butter oder Margarine, Zucker, Ei, Salz und Wasser hinzufügen. Die Zutaten mit Handrührgerät mit Knethaken zunächst kurz auf niedrigster, dann auf höchster Stufe gut durcharbeiten.

{2} Anschließend auf einer bemehlten Arbeitsfläche zu einem glatten Teig verkneten. Den Teig in Frischhaltefolie gewickelt etwa 30 Minuten kalt stellen.

{3} Für die Füllung Äpfel schälen, vierteln, entkernen und in kleine Stücke schneiden. Apfelstücke in eine Schüssel geben und mit Zitronensaft beträufeln. Zucker, Zimt, Muskat, Ingwer und Sultaninen untermischen. Ei und Milch verschlagen.

{4} Den Backofen vorheizen. Ober-/Unterhitze: etwa 180 °C, Heißluft: etwa 160 °C.

{5} 600 g von dem kalt gestellten Teig abnehmen, geschmeidig kneten, mit Mehl bestäuben und auf der bemehlten Arbeitsfläche zu einer runden Platte (Ø etwa 40 cm) ausrollen. Den Teigrand einschlagen. Die Teigplatte in eine Springform (Ø 28 cm, mit Backpapier belegt, den Rand mit Butter gefettet) legen. Die eingeschlagenen Teigränder am Formrand hochdrücken. Die Apfelmasse auf den Teigboden legen. Die angedrückten Teigränder wieder lösen und auf die Apfelmasse legen. Den Teig dünn mit Eiermilch bestreichen.

{6} Den restlichen Teig auf der bemehlten Arbeitsfläche zu einer runden Platte (Ø etwa 28 cm) ausrollen. Die Teigplatte auf die Apfelstücke legen. Den Teig am Rand mit einer Gabel fest zusammendrücken. Die Teigplatte mit der restlichen Eiermilch bestreichen. Die Form auf dem Rost in den vorgeheizten Backofen schieben. Den Apfelkuchen etwa 60 Minuten backen.

{7} Die Form auf einen Kuchenrost stellen. Den Kuchen in der Form erkalten lassen. Dann aus der Form lösen und auf eine Tortenplatte legen. Den Apfelkuchen mit Puderzucker bestäuben.

Grand Marnier-Torte
(Laktosefrei)

Für den Biskuitteig:
10 Eier (Größe M)
180 g Zucker
200 g Weizenmehl
50 g abgezogene, gemahlene Mandeln
15 g gesiebtes Kakaopulver

Zum Beträufeln:
60 ml Grand Marnier (Orangenlikör)

1 Dose Mandarinen (Abtropfgewicht je 480 g)

Für die Orangencreme:
5 Eiweiß (Größe M)
100 g Zucker
1 l frisch gepresster Orangensaft (von etwa 20 Orangen)
2 Pck. Dr. Oetker Pudding-Pulver Vanille-Geschmack
100 ml kaltes Wasser

Zum Garnieren und Bestreichen:
150 g Zartbitter-Kuvertüre
125 ml (1/8 l) Mandarinensaft (aus der Dose)
½ Pck. Tortenguss, klar, ungezuckert
1 EL Zucker

Zubereitungszeit:
50 Minuten, ohne Kühlzeit
Backzeit:
etwa 50 Minuten

16 Stück

Pro Stück:
E: 9 g, F: 9 g, Kh: 50 g,
kJ: 1381, kcal: 330, BE: 4,0

MIT ALKOHOL

{1} Den Backofen vorheizen. Ober-/Unterhitze: etwa 180 °C, Heißluft: etwa 160 °C.

{2} Für den Teig Eier in einer Rührschüssel mit Handrührgerät mit Rührbesen auf höchster Stufe in 1 Minute schaumig schlagen. Zucker in 1 Minute unter Rühren einstreuen, dann noch etwa 4 Minuten schlagen, sodass ein elastischer Schaum entsteht.

{3} Mehl mit Mandeln und Kakao mischen, in 2 Portionen kurz auf niedrigster Stufe unterrühren. Den Teig in eine Springform (Ø 28 cm, mit Backpapier belegt) geben und glatt streichen. Die Form auf dem Rost in den vorgeheizten Backofen schieben. Den Biskuitboden etwa 50 Minuten backen.

{4} Die Form auf einen Kuchenrost stellen. Den Biskuitboden erkalten lassen. Dann den Boden aus der Form lösen und zweimal waagerecht durchschneiden. Den unteren Boden auf eine Tortenplatte legen. Einen Tortenring (Höhe etwa 9 cm) darumlegen. Den unteren Boden mit 20 ml Grand Marnier beträufeln.

{5} Mandarinen in einem Sieb abtropfen lassen. Den Saft auffangen und 125 ml (1/8 l) Saft abmessen und beiseitestellen. Etwa 15 Mandarinenfilets auf dem unteren Boden verteilen.

{6} Für die Orangencreme Eiweiß steif schlagen, Zucker unterschlagen. Orangensaft in einem Topf zum Kochen bringen. Pudding-Pulver mit Wasser anrühren und in den von der Kochstelle genommenen Saft rühren, unter Rühren aufkochen lassen. Eischnee unter den kochenden Pudding heben.

{7} Ein Drittel des heißen Puddings auf den unteren Biskuitboden streichen. Den mittleren Boden darauflegen, mit 20 ml Grand Marnier beträufeln und 15 Mandarinenfilets darauf verteilen. Ein Drittel der Orangencreme daraufgeben und glatt streichen. Den oberen Biskuitboden darauflegen. Mit restlichem Grand Marnier beträufeln. Die restliche Orangencreme darauf glatt streichen. Restliche Mandarinenfilets darauf verteilen. Die Torte etwa 6 Stunden in den Kühlschrank stellen.

{8} Zum Garnieren und Bestreichen Kuvertüre grob hacken, in einer kleinen Schüssel im heißen Wasserbad bei schwacher Hitze unter Rühren schmelzen. 24 Kuvertürenstreifen (etwa 8 cm lang und 3 cm breit) mit einem Esslöffel auf Backpapier streichen. Kuvertürestreifen fest werden lassen.

{9} Den Tortenring lösen und entfernen. Aus dem beiseitegestellten Mandarinensaft, Tortengusspulver und Zucker einen Guss nach Packungsanleitung zubereiten. Tortenoberfläche und -rand mit dem Guss bestreichen. Die Schokoladenteile vom Backpapier lösen und an den Tortenrand drücken. Guss fest werden lassen.

Haselnuss-Gianduja-Torte

Zum Vorbereiten:
etwa 700 g ganze Haselnusskerne
100 g Dinkelmehl (Type 630)
120 g gesiebter Puderzucker
100 g Zartbitter-Kuvertüre

Für den Haselnussbiskuitteig:
10 Eiweiß (Größe M)
220 g Zucker
10 Eigelb (Größe M)
100 g Dinkelmehl

Für den Vanillesirup:
80 g Zucker
150 ml Wasser
1 Vanilleschote

Für die Füllung:
1000 g Schlagsahne
4 Pck. Dr. Oetker Sahnesteif
140 g Zucker
1 Pck. Dr. Oetker Bourbon-Vanille-Zucker
100 g Zartbitter-Kuvertüre

Zum Verzieren:
1000 g Schlagsahne
4 Pck. Sahnesteif
70 g Zucker
1 Pck. Dr. Oetker Bourbon-Vanille-Zucker
etwas Zartbitter-Raspelschokolade

Zubereitungszeit
90 Minuten, ohne Kühlzeit
Backzeit:
etwa 50 Minuten

16 Stück

Pro Stück:
E: 15 g, F: 75 g, Kh: 69 g,
kJ: 4222, kcal: 1010, BE: 5,5

ETWAS BESONDERES

{1} Den Backofen vorheizen. Heißluft: etwa 180 °C

{2} Zum Vorbereiten Haselnusskerne auf einem Backblech verteilen und im vorgeheizten Backofen etwa 20 Minuten rösten, dabei die Haselnusskerne einmal wenden. Die Haselnusskerne in Geschirrtüchern einschlagen und die Häutchen abreiben. Etwa 45 Haselnusskerne zum Garnieren beiseitelegen. 300 g der Haselnusskerne in einem Blitzhacker fein hacken und in eine Schale geben. Dinkelmehl untermischen. Die restlichen noch warmen Haselnusskerne ebenfalls in den Blitzhacker geben und Puderzucker hinzufügen. Die Haselnusskerne so lange zerkleinern, bis eine Paste entstanden ist. Kuvertüre klein hacken, zu der warmen Haselnusspaste geben und so lange weiter zerkleinern, bis eine einheitliche Masse entstanden und die Kuvertüre geschmolzen ist. Die Haselnussmasse in einen Spritzbeutel mit Lochtülle (Ø 10 mm) füllen und beiseitelegen.

{3} Den Backofen vorheizen. Ober-/Unterhitze: etwa 180 °C, Heißluft: etwa 160 °C.

{4} Für den Teig Eiweiß in eine große Rührschüssel geben und mit Handrührgerät mit Rührbesen schaumig schlagen. Zucker in 1 Minute einstreuen, dann noch weitere etwa 4 Minuten schlagen, sodass eine elastische Masse entsteht. Nach und nach Eigelb und die Nuss-Dinkelmehl-Mischung mit einem Teigschaber unter den Teig heben. Den Teig in eine Springform (Ø 28 cm, mit Backpapier belegt) geben und glatt streichen. Die Form auf dem Rost in den vorgeheizten Backofen schieben. Den Biskuitboden etwa 50 Minuten backen.

{5} Die Form auf einen Kuchenrost stellen. Den Biskuitboden in der Form erkalten lassen.

{6} Für den Sirup Zucker und Wasser in einen Topf geben. Vanilleschote längs aufschneiden, hinzugeben, zum Kochen bringen. Den Sirup so lange kochen lassen, bis der Zucker gelöst ist. Sirup abkühlen lassen. Vanilleschote entfernen.

{7} Für die Füllung Sahne mit Sahnesteif, Zucker und Vanille-Zucker in 2 Portionen steif schlagen. Kuvertüre fein hacken und unter die Sahne heben.

{8} Den Biskuitboden aus der Form lösen und das mitgebackene Backpapier abziehen. Den Biskuitboden zweimal waagerecht durchschneiden. Den unteren Boden auf eine Tortenplatte legen. Ein Drittel des Sirups daraufträufeln. Ein Drittel der beiseitegelegten Haselnussmasse spiralförmig daraufspritzen.

{9} Die Hälfte der Schokoladensahne daraufgeben und glatt streichen. Den mittleren Boden darauflegen. Mit der Hälfte des restlichen Sirups beträufeln. Die Hälfte der Haselnussmasse daraufspritzen. Restliche Schokoladensahne darauf verteilen. Den oberen Boden darauflegen. Restlichen Sirup daraufträufeln und restliche Haselnussmasse daraufspritzen. Die Torte etwa 3 Stunden in den Kühlschrank stellen.

{10} Zum Verzieren Sahne mit Zucker und Vanille-Zucker evtl. in 2 Portionen steif schlagen. In einen Spritzbeutel mit Rosettentülle (Ø 13 mm) füllen. Tortenoberfläche und -rand mit der Sahne verzieren. Mit den beiseitegelegten Haselnusskernen garnieren. Mit Raspelschokolade bestreuen.

Kefir-Kirsch-Torte

Für den Biskuitteig:
9 Eier (Größe L)
160 g Zucker
200 g Weizenmehl
50 g abgezogene, gemahlene Mandeln
15 g gesiebtes Kakaopulver

Für die Füllung:
2 Gläser Sauerkirschen (Abtropfgewicht je 380 g)
12 Blatt weiße Gelatine
250 ml (¼ l) Sauerkirschsaft (aus den Gläsern)
150 g Zucker
500 ml (½ l) Kefir (Sauermilchprodukt)
600 g Schlagsahne

etwa 12 EL Sauerkirschsaft (aus den Gläsern)

Zum Garnieren:
4 Eier (Größe L)
80 g Zucker
80 g Weizenmehl
1 TL Kakaopulver

Für den Guss:
1 Pck. Tortengusspulver, rot oder klar, ungezuckert
30 g Zucker
250 ml (¼ l) Sauerkirschsaft (aus den Gläsern)

Zubereitungszeit:
80 Minuten, ohne Abkühlzeit
Backzeit:
etwa 52 Minuten

16 Stück

Pro Stück:
E: 12 g, F: 20 g, Kh: 56 g,
kJ: 1913, kcal: 457, BE: 4,5

FRISCH – FRUCHTIG

{1} Den Backofen vorheizen. Ober-/Unterhitze: etwa 180 °C, Heißluft: etwa 160 °C. Einen Tortenring (Ø 22 cm, Höhe 9 cm) auf ein Backblech (mit Backpapier belegt) stellen. Das Backpapier am äußeren Rand hochziehen und die Ecken zusammendrehen. Mit einem Bindfaden festbinden.

{2} Für den Teig aus den angegebenen Zutaten – wie auf Seite 55 beschrieben – einen Biskuitteig zubereiten, in den Tortenring geben und glatt streichen. Das Blech in den vorgeheizten Backofen schieben. Den Boden etwa 40 Minuten backen.

{3} Das Backblech auf einen Kuchenrost stellen. Den Biskuitboden erkalten lassen. Dann den Biskuitboden aus dem Tortenring lösen und 3-mal waagerecht durchschneiden. Den unteren Biskuitboden auf eine Tortenplatte legen. Den gesäuberten Tortenring darumlegen und evtl. mit einem Klebestreifen fixieren.

{4} Für die Füllung Sauerkirschen abtropfen lassen. Saft auffangen und 250 ml (¼ l) Saft für den Guss abmessen, beiseitestellen. Gelatine in kaltem Wasser nach Packungsanleitung einweichen. Weitere 250 ml (¼ l) Sauerkirschsaft abmessen und in einem kleinen Topf erhitzen. Restlichen Sauerkirschsaft zum Beträufeln beiseitestellen. Gelatine ausdrücken und in dem heißen Saft unter Rühren auflösen. Den heißen Saft in eine große Edelstahlschüssel gießen. Zucker unterrühren. Kefir ebenfalls unterrühren. Die Edelstahlschüssel in Eiswasser stellen. Kefirmasse unter gelegentlichem Rühren gelieren lassen.

{5} Die Sahne steif schlagen. 4 Esslöffel der Sahne abnehmen und in den Kühlschrank stellen. Die gelierte Kefirmasse glatt rühren und zunächst 3 Esslöffel der restlichen Sahne mit einem Schneebesen unterrühren. Restliche Sahne mit einem Teigschaber unterheben. Den unteren Biskuitboden mit 2 Esslöffeln Sauerkirschen belegen und mit 3 Esslöffeln des beiseitegestellten Sauerkirschsaftes beträufeln. Ein Drittel der Kefirsahne daraufgeben und glatt streichen. So fortfahren und über den Tortenring hinaus aufschichten, bis alle Zutaten verbraucht sind. Die Torte mit den restlichen Sauerkirschen belegen. Die Torte mindestens 6 Stunden in den Kühlschrank stellen.

{6} Den Backofen vorheizen. Ober-/Unterhitze: etwa 180 °C, Heißluft: etwa 160 °C.

{7} Zum Garnieren aus Eiern, Zucker und Mehl einen Biskuitteig – wie auf Seite 55 beschrieben – zubereiten. 5 Esslöffel des Teiges mit Kakao verrühren und in einen Gefrierbeutel füllen. Den restlichen Biskuitteig auf ein Backblech (30 x 40 cm, mit Backpapier belegt) geben und glatt streichen. An der offenen Seite das Backpapier unmittelbar vor dem Teig zur Falte knicken, sodass ein Rand entsteht. Von dem Gefrierbeutel eine Ecke abschneiden. Den dunklen Biskuitteig in großen und kleinen Tupfen auf den hellen Biskuitteig spritzen. Das Backblech in den vorgeheizten Backofen schieben. Die Biskuitplatte etwa 12 Minuten backen.

{8} Die Biskuitplatte auf mit Zucker bestreutes Backpapier stürzen. Mitgebackenes Backpapier mit kaltem Wasser bestreichen. Backpapier vorsichtig, aber schnell abziehen. Biskuitplatte erkalten lassen. Aus der Biskuitplatte 2 gleich große Streifen (36 x 15 cm) schneiden. Torte aus dem Tortenring lösen. Die kalt gestellte Sahne an den Tortenrand streichen. Biskuitstreifen an den Tortenrand drücken.

{9} Aus Tortengusspulver, Zucker und dem beiseitegestellten Sauerkirschsaft einen Guss nach Packungsanleitung zubereiten. Die Torte ganz mit dem Guss überziehen. Guss fest werden lassen. Die Torte bis zum Servieren in den Kühlschrank stellen.

Mango-Biskuitrolle

Für den Biskuitteig:
6 Eier (Größe M)
120 g Zucker
120 g Weizenmehl

3 EL Zucker zum Bestreuen

Für die Füllung:
1 große, reife Mango (etwa 500 g)
4 EL Aprikosenkonfitüre
1 Bio-Zitrone
(unbehandelt, ungewachst)
400 g Schlagsahne
80 g Zucker
Zitronensaft (von der Bio-Zitrone)

Zum Bestäuben:
50 g Puderzucker

Zubereitungszeit:
35 Minuten, ohne Kühlzeit
Backzeit:
etwa 12 Minuten

16 Stück

Pro Stück:
E: 4 g, F: 10 g, Kh: 33 g,
kJ: 1017, kcal: 243, BE: 2,5

EXOTISCH

{1} Den Backofen vorheizen. Ober-/Unterhitze: etwa 180 °C, Heißluft: etwa 160 °C.

{2} Für den Teig Eier in einer Rührschüssel mit Handrührgerät mit Rührbesen auf höchster Stufe in 1 Minute schaumig schlagen. Zucker in 1 Minute unter Rühren einstreuen, dann noch etwa 4 Minuten schlagen, bis ein elastischer Schaum entstanden ist.

{3} Mehl kurz auf niedrigster Stufe unterrühren. Den Teig auf ein Backblech (30 x 40 cm, mit Backpapier belegt) geben und glatt streichen. An der offenen Seite des Backbleches das Backpapier unmittelbar vor dem Teig zu Falte knicken, sodass ein Rand entsteht. Das Backblech in den vorgeheizten Backofen schieben. Die Biskuitplatte etwa 12 Minuten backen.

{4} Die Biskuitplatte sofort vom Rand lösen und auf ein mit Zucker bestreutes Geschirrtuch oder auf mit Zucker bestreutes Backpapier stürzen. Mitgebackenes Backpapier mit kaltem Wasser bestreichen. Das Backpapier vorsichtig, aber schnell abziehen. Die Biskuitplatte mithilfe des Geschirrtuches oder Backpapiers aufrollen und erkalten lassen.

{5} Für die Füllung Mango halbieren und den Stein herauslösen. Mangohälften schälen und in kleine Würfel schneiden. Konfitüre in einer Schüssel glatt rühren. Zitrone heiß abwaschen, abtrocknen und die Schale abreiben. Zitrone halbieren und den Saft auspressen. Zitronenschale zu der Konfitüre geben. Mangowürfel unterrühren. Sahne mit Zucker steif schlagen. Zitronensaft unter die Sahne rühren.

{6} Die Biskuitrolle vorsichtig auseinanderrollen. Die Mango-Konfitüren-Masse darauf verteilen, dabei an den Rändern etwa 5 cm frei lassen. Die Sahne esslöffelweise auf die Mango-Konfitüren-Masse geben und glatt streichen. Die Biskuitrolle von der längeren Seite aus aufrollen und auf eine Platte legen. Die Biskuitrolle etwa 2 Stunden in den Kühlschrank stellen. Die Biskuitrolle vor dem Servieren mit Puderzucker bestäuben.

Tipp: Die Biskuitrolle mit einem Elektromesser in Scheiben schneiden.

Pfirsich-Rotwein-Tarte

Für den Knetteig:
4 Stängel Rosmarin
25 g Kristallzucker
300 g Weizenmehl
200 g Butter oder Margarine
50 g Kristallzucker
50 g gesiebter Puderzucker
1 Prise Salz
1 Eigelb (Größe M)

Für den Belag:
8–9 reife Pfirsiche
150 ml Rotwein
1 Vanilleschote
50 g Extra-Gelierzucker 2:1

Zubereitungszeit:
40 Minuten
Backzeit:
etwa 40 Minuten

16 Stück

Pro Stück:
E: 3 g, F: 11 g, Kh: 30 g,
kJ: 1001, kcal: 239, BE: 2,5

MIT ALKOHOL

{1} Den Backofen vorheizen. Ober-/Unterhitze: etwa 180 °C, Heißluft: etwa 160 °C.

{2} Für den Knetteig Rosmarin abspülen und trocken tupfen. Die Nadeln von 3 Stängeln zupfen. Nadeln klein schneiden, in einen Mörser geben und mit Kristallzucker zerreiben.

{3} Mehl in eine Rührschüssel geben. Die Hälfte des Rosmarinzuckers, Butter oder Margarine, Kristallzucker, Puderzucker, Salz und Eigelb hinzufügen. Die Zutaten mit Handrührgerät mit Knethaken zunächst kurz auf niedrigster, dann auf höchster Stufe gut durcharbeiten.

{4} Anschließend den Teig auf einer bemehlten Arbeitsfläche zu einem glatten Teig verkneten und zu einer runden Platte (Ø etwa 34 cm) ausrollen. Den Teigrand etwa 2 cm nach innen einschlagen. Die Teigplatte auf ein Backblech (mit Backpapier belegt) legen. Restlichen Rosmarinzucker auf den Teigboden streuen.

{5} Für den Belag Pfirsiche in kochendes Wasser legen (nicht kochen lassen), mit kaltem Wasser abspülen, enthäuten und halbieren. Pfirsichhälften mit der Wölbung nach oben auf den Teigboden legen. Das Backblech in den vorgeheizten Backofen schieben. Den Knetteigboden etwa 40 Minuten backen.

{6} Rotwein und den restlichen Rosmarinzweig in einen Topf geben. Vanilleschote längs halbieren und das Mark mit einem Messerrücken herausschaben. Vanilleschote und -mark zu dem Rotwein in den Topf geben. Die Zutaten zum Kochen bringen. Den Rotwein etwa 5 Minuten bei schwacher Hitze auf etwa 100 ml einkochen lassen. Gelierzucker unterrühren und aufkochen lassen. Eine Gelierprobe machen. Dafür einen Tropfen des Gelees auf einen kalten Teller geben. Wird er fest, aber nicht zäh, die Vanilleschote und den Rosmarinzweig entfernen.

{7} Die Form auf einen Kuchenrost stellen. Rotwein-Vanille-Gelee auf den Pfirsichhälften verteilen. Die Tarte warm servieren.

TIPP: Die Tarte kann auch mit 2 Dosen abgetropften Pfirsichhälften (Abtropfgewicht je 500 g) zubereitet werden. Die Tarte wird jedoch sehr süß! Oder frische Pfirsiche durch Nektarinen (mit Schale) ersetzen.

Ein Traum in Weiß und Blau

Weintrauben mit Zabaione,
Brombeeren mit Sauerrahm,
Johannisbeeren mit Vanille,
Nektarinen mit Mascarpone

Cranberrycake mit Buttericing

Zum Vorbereiten:
400 g getrocknete Cranberries
400 g Rosinen
300 g Butter
50 g Weizenmehl

Für den Teig:
125 g weiche Butter
300 g Rohrzucker
3 EL Zuckerrübensirup (Rübenkraut)
5 EL Rum
je 1 TL gemahlener Zimt und Kardamom
5 Eier (Größe L)
400 g Weizenmehl

Zum Bestreichen (Buttericing):
150 g weiche Butter
300 g gesiebter Puderzucker
5 EL Rum

Für die Blüten:
250 g Rollfondant
125 g gesiebter Puderzucker
4 EL Icingpulver
1 TL Wasser

Zubereitungszeit:
90 Minuten, ohne Einweich- und Abkühlzeit
Backzeit:
etwa 2 ½ Stunden

16 Stück

Pro Stück:
E: 6 g, F: 33 g, Kh: 120 g,
kJ: 3421, kcal: 817, BE: 10,0

MIT ALKOHOL

{1} Zum Vorbereiten Cranberries und Rosinen in eine Schüssel geben, mit warmem Wasser übergießen und etwa 3 Stunden einweichen.

{2} Die Butter in einem Topf zerlassen und leicht bräunen lassen. Die Butter etwas abkühlen lassen, durch ein Sieb in eine Rührschüssel gießen und auf Zimmertemperatur abkühlen lassen.

{3} Die eingeweichten Trockenfrüchte in einem Sieb abtropfen lassen, mit Küchenpapier trocken tupfen und in eine Schüssel geben. Trockenfrüchte mit Mehl bestäuben und untermischen.

{4} Einen Tortenring (Ø 18 cm, Höhe etwa 9 cm) auf ein Backblech (mit Backpapier belegt) stellen. Das Backpapier an den Ecken zusammendrehen und das Backpapier rundum mit einem hitzebeständigen Bindfaden festbinden.

{5} Den Backofen vorheizen. Ober-/Unterhitze: etwa 160 °C.

{6} Für den Teig die gebräunte Butter (300 g) und Butter (125 g) in einer Rührschüssel mit Handrührgerät mit Rührbesen schaumig schlagen. Nach und nach Rohrzucker, Zuckerrübensirup, Rum, Zimt und Kardamom unterrühren. So lange rühren, bis eine gebundene Masse entstanden ist. Eier nach und nach unterrühren (jedes Ei etwa ½ Minute).

{7} Mehl in 2 Portionen auf mittlerer Stufe unterrühren. Trockenfrüchte unterheben. Den Teig in dem Tortenring auf dem Backblech verteilen. Das Backblech in den vorgeheizten Backofen schieben. Den Kuchen etwa 2 ½ Stunden backen. Den Kuchen aus dem Tortenring lösen und auf einem Kuchenrost erkalten lassen.

{8} Zum Bestreichen Butter in einer Rührschüssel mit Handrührgerät mit Rührbesen schaumig schlagen. Puderzucker und Rum unterrühren. Den Kuchen ganz mit der Icingmasse bestreichen.

{9} Für die Blüten Rollfondant auf einer Arbeitsfläche geschmeidig kneten. Mit Puderzucker bestreuen und etwa 3 mm dick ausrollen. Den Fondant mit einem Hortensienblüten-Ausstecher ausstechen. Die Blüten auf die Buttericingmasse drücken.

{10} Icingpulver mit 1 Teelöffel Wasser zu einem Guss verrühren und in eine Pergamentpapierspritztüte füllen. Je einen Tupfen auf die Hortensienblüten spritzen.

{11} Cranberrycake bei Zimmertemperatur bis zum Servieren aufbewahren.

Tipps: Sollte Ihr Tortenring etwas niedriger sein, stellen Sie den Durchmesser auf etwa 23 cm ein. Der Kuchen kann, ohne das Icing und die Blüten, in Frischhaltefolie gewickelt im Gemüsefach des Kühlschrankes bis zu 4 Wochen gelagert werden.

Nektarinen-Mascarpone-Torte

Für den Mandelteig:
200 g abgezogene, gemahlene Mandeln
2 TL Kartoffelstärke
90 g gesiebter Puderzucker
½ TL gemahlener Zimt
10 Eiweiß (etwa 350 ml)
1 Prise Salz
220 g Zucker
4 Tropfen Bittermandel-Aroma

Für den Knetteig:
150 g Weizenmehl
80 g gesiebter Puderzucker
2 Eigelb (Größe M)
120 g Butter oder Margarine
2 EL Weizenmehl zum Bestreuen

2 EL Aprikosenkonfitüre

Für den Belag:
1 kg Nektarinen
1 Vanilleschote
100 g Zucker
300 ml Orangensaft
500 g Mascarpone (ital. Frischkäse)
150 g Zucker
5 Blatt weiße Gelatine
500 g Schlagsahne
2 Pck. Tortenguss, klar, ungezuckert
500 ml (½ l) Nektarinensud (von den Nektarinenspalten)

300 g Marzipan-Rohmasse
150 g Puderzucker

Außerdem:
etwas Butter zum Bestreichen
etwas Weizenmehl zum Bestäuben

Zubereitungszeit:
90 Minuten, ohne Abkühlzeit
Backzeit:
Mandelböden etwa 15 Minuten je Boden
Backzeit:
Knetteigboden etwa 16 Minuten

16 Stück

Pro Stück:
E: 12 g, F: 45 g, Kh: 78 g,
kJ: 3223, kcal: 770 BE: 6,5

DAUERT LÄNGER

{1} Den Backofen vorheizen. Heißluft: etwa 200 °C. Auf 4 Bögen Backpapier jeweils einen Kreis (Ø etwa 26 cm) aufzeichnen. Papierkreise dünn mit Butter bestreichen und mit Mehl bestäuben.

{2} Für den Mandelteig Mandeln mit Kartoffelstärke, Puderzucker und Zimt in einer Schüssel vermischen. Eiweiß mit Salz in einer großen Rührschüssel mit Handrührgerät mit Rührbesen steif schlagen. Zucker hinzugeben und weitere etwa 4 Minuten schlagen, bis ein elastischer Schaum entsteht. Mandel-Puderzucker-Mischung und Bittermandel-Aroma mit einem Teigschaber unterheben. Den Teig in den vorgezeichneten Kreisen verstreichen. Jeweils 1 Teigboden auf ein Backblech ziehen.

{3} 2 Backbleche zusammen in den vorgeheizten Backofen schieben. Die Mandelböden bei Heißluft etwa 15 Minuten backen. Die Mandelböden mit dem Backpapier von den Backblechen auf Kuchenroste ziehen. Die letzten 2 Teigböden wie zuvor beschrieben auf die Backbleche ziehen und backen. Die Mandelböden erkalten lassen und jeweils vom Backpapier lösen.

{4} Den Backofen auf Ober-/Unterhitze: etwa 220 °C, Heißluft: etwa 200 °C vorheizen.

{5} Für den Knetteig Mehl in eine Rührschüssel geben. Restliche Zutaten hinzufügen und mit Handrührgerät mit Knethaken gut durcharbeiten. Anschließend auf einer bemehlten Arbeitsfläche zu einem glatten Teig verkneten, auf mit Mehl bestäubtes Backpapier geben und zu einer runden Platte (Ø etwa 28 cm) ausrollen. Das Backpapier mit der Teigplatte auf ein Backblech ziehen und in den vorgeheizten Backofen schieben. Den Knetteigboden etwa 14 Minuten backen.

{6} Den Knetteigboden mit dem Backpapier vom Backblech auf einen Kuchenrost ziehen. Boden erkalten lassen und das Backpapier entfernen. Den Knetteigboden auf eine Tortenplatte legen und mit Konfitüre bestreichen. Einen Mandelboden darauflegen. Einen Tortenring darumlegen.

{7} Für den Belag Nektarinen waschen, abtrocknen, halbieren, entsteinen. Nektarinenhälften in dünne Spalten schneiden. Vanilleschote längs aufschneiden und das Mark herausschaben, beiseitelegen. Nektarinenspalten mit Zucker, Orangensaft und Vanilleschote aufkochen lassen. Den Topf von der Kochstelle nehmen. Nektarinenspalten in dem Sud erkalten lassen. Die Hälfte der Nektarinenspalten abtropfen lassen. Den Sud auffangen.

{8} Mascarpone mit beiseitegelegtem Vanillemark und Zucker glatt rühren. Gelatine in kaltem Wasser nach Packungsanleitung einweichen. Sahne steif schlagen. Gelatine ausdrücken und in einem kleinen Topf bei schwacher Hitze unter Rühren erwärmen (nicht kochen), bis sie völlig gelöst ist. Gelatine zunächst mit 4 Esslöffeln der Mascarponemasse verrühren, dann unter die restliche Mascarponemasse rühren. Sahne unterheben. Die abgetropften Nektarinenspalten unterziehen. Ein Drittel der Creme auf dem Mandelboden in dem Tortenring verteilen. Mit einem weiteren Mandelboden belegen, wieder mit einem Drittel der Creme bestreichen. Dritten Mandelboden darauflegen, mit der restlichen Creme bestreichen. Letzten Mandelboden darauflegen.

{9} Die restlichen Nektarinenspalten in einem Sieb abtropfen lassen, dabei den Sud auffangen. Nektarinenspalten auf der Tortenoberfläche verteilen. Von dem aufgefangenen Sud 250 ml (¼ l) abmessen. Mit Tortengusspulver einen Guss nach Packungsanleitung zubereiten. Den Guss auf den Nektarinenspalten verteilen. Guss fest werden lassen. Marzipan-Rohmasse mit Puderzucker verkneten, zu einem Streifen (85 x 11 cm) ausrollen und um den Rand legen.

Sauerrahm-Brombeer-Torte

Für den Sandkuchenteig:
Schale von 1 Bio-Orange (unbehandelt, ungewachst)
250 g weiche Butter
250 g gesiebter Puderzucker
6 Eier (Größe M)
350 g Weizenmehl
3 gestr. TL Dr. Oetker Backin
100 g Schlagsahne

Für die Creme:
9 Blatt weiße Gelatine
375 g frische Brombeeren
800 g saure Sahne (10 % Fett)
180 g Zucker
2 Pck. Dr. Oetker Vanillin-Zucker
500 g Schlagsahne
Orangensaft (von der Bio-Orange)

Für den Belag:
250 g frische Brombeeren
250 ml (¼ l) schwarzer Johannisbeernektar
3 EL Zucker
1 Pck. Tortenguss, rot oder klar, ungezuckert

Zum Verzieren:
500 g Schlagsahne
70 g Zucker
2 Pck. Dr. Oetker Sahnesteif

Zubereitungszeit
70 Minuten, ohne Kühlzeit
Backzeit:
etwa 50 Minuten

16 Stück

Pro Stück:
E: 9 g, F: 43 g, Kh: 61 g,
kJ: 2804, kcal: 671, BE: 5,0

ETWAS BESONDERES – ETWAS AUFWENDIGER

{1} Den Backofen vorheizen. Ober-/Unterhitze: etwa 180 °C, Heißluft: etwa 160 °C.

{2} Für den Teig Orange heiß abwaschen und die Schale abreiben. Orange halbieren, den Saft auspressen und beiseitestellen. Butter in einer Rührschüssel mit Handrührgerät mit Rührbesen auf höchster Stufe geschmeidig rühren. Nach und nach Puderzucker und Orangenschale unterrühren. So lange rühren, bis eine gebundene Masse entstanden ist.

{3} Eier nach und nach unterrühren (jedes Ei etwa ½ Minute). Mehl mit Backpulver mischen, in 2 Portionen mit der Sahne auf mittlerer Stufe unterrühren. Den Teig in eine Springform (Ø 28 cm, mit Backpapier belegt) geben und glatt streichen. Die Form auf dem Rost in den vorgeheizten Backofen schieben. Den Tortenboden etwa 50 Minuten backen.

{4} Die Form auf einen Kuchenrost stellen. Den Boden in der Form abkühlen lassen. Dann den Boden aus der Form lösen und auf eine Platte stürzen. Den Boden zweimal waagerecht durchschneiden. Den unteren Boden auf eine Tortenplatte legen. Einen Tortenring darumlegen.

{5} Für die Creme Gelatine in kaltem Wasser nach Packungsanleitung einweichen. Brombeeren verlesen, waschen, abtropfen lassen, auf Küchenpapier legen und trocken tupfen.

{6} Saure Sahne mit Zucker und Vanillin-Zucker in einer Rührschüssel verrühren. Eingeweichte Gelatine ausdrücken, in einem kleinen Topf bei schwacher Hitze unter Rühren erwärmen (nicht kochen), bis sie völlig gelöst ist. 4 Esslöffel der sauren Sahne mit der Gelatine verrühren, dann mit der restlichen sauren Sahne verrühren, kalt stellen.

{7} Sahne mit Handrührgerät mit Rührbesen steif schlagen. Wenn die Saure-Sahne-Masse anfängt zu gelieren, die steif geschlagene Sahne portionsweise unterheben. Etwa 6 Esslöffel der Creme auf den unteren Tortenboden streichen. Den mittleren Boden darauflegen, mit der Hälfte des beiseitegestellten Orangensaftes beträufeln. Die Hälfte der restlichen Creme daraufgeben und glatt streichen. Brombeeren darauf verteilen und etwas in die Creme drücken. Den oberen Boden darauflegen, mit restlichem Orangensaft beträufeln und der restlichen Creme bestreichen. Die Torte mindestens 6 Stunden in den Kühlschrank stellen. Dann den Tortenring lösen und entfernen.

{8} Für den Belag Brombeeren verlesen, waschen, abtropfen lassen, auf Küchenpapier legen und trocken tupfen. Brombeeren auf der Tortenoberfläche verteilen, dabei den äußeren Rand frei lassen. Aus Johannisbeernektar, Zucker und Tortengusspulver einen Guss nach Packungsanleitung zubereiten. Den Guss auf den Brombeeren verteilen. Guss fest werden lassen.

{9} Zum Verzieren Sahne mit Zucker und Sahnesteif steif schlagen. Die Sahne in einen großen Spritzbeutel mit Lochtülle (Ø 12 mm) füllen. Große und kleine Tupfen an den Tortenrand und den oberen frei gelassenen Tortenrand spritzen (dabei am unteren Tortenrand beginnend). Die Sahnetupfen dabei gut an den Tortenrand spritzen (sie können sich sonst lösen und herunterrutschen).

Schokoladen-Kuchen
(Glutenfrei)

Zum Vorbereiten:
weiche Butter für die Form
etwas Zucker zum Bestreuen

Für den Teig:
350 g Zartbitter-Schokolade
250 g Schlagsahne
8 Eier (Größe L)
150 g Zucker
1 Prise Salz
40 ml Orangenlikör,
z. B. Cointreau oder Grand Marnier

Außerdem:
1 EL Puderzucker
1 TL Kakaopulver
200 g Schlagsahne
1 Pck. Dr. Oetker Bourbon-Vanille-Zucker
250 g Himbeeren

Zubereitungszeit:
50 Minuten, ohne Kühlzeit
Backzeit:
etwa 50 Minuten

16 Stück

Pro Stück:
E: 6 g, F: 20 g, Kh: 26 g,
kJ: 1293, kcal: 310, BE: 2,0

GUT VORZUBEREITEN – MIT ALKOHOL

{1} Den Backofen vorheizen. Ober/Unterhitze: etwa 160 °C. Ein tiefes Backblech in den Backofen schieben und 2 cm hoch mit Wasser füllen.

{2} Einen Topf (Ø 22 cm) mit geradem Rand mit weicher Butter ausstreichen. Den Boden mit rund ausgeschnittenem Backpapier belegen. Den Topf mit Zucker ausstreuen.

{3} Für den Teig Schokolade in Stücke brechen, in einer Edelstahlschüssel im heißen Wasserbad bei schwacher Hitze unter Rühren schmelzen. Die Schüssel aus dem Wasserbad nehmen. Sahne steif schlagen.

{4} Eier trennen. Eiweiß in einer Rührschüssel mit Handrührgerät mit Rührbesen schaumig schlagen. Zucker hinzugeben und weitere etwa 4 Minuten schlagen, sodass ein elastischer Schaum entsteht.

{5} Eigelb, steif geschlagene Sahne, Likör und die geschmolzene Schokolade zu dem Eischneeschaum in die Rührschüssel geben und mit einem Teigschaber vermischen. Den Teig in den vorbereiteten Topf geben.

{6} Den Topf in das Wasser auf das vorbereitete Backblech in den Backofen stellen. Schokoladen-Kuchen etwa 50 Minuten backen. Kuchen auf einen Kuchenrost stellen. Kuchen erkalten lassen und über Nacht in den Kühlschrank stellen.

{7} Kuchen auf eine Tortenplatte stürzen. (Es kann etwas dauern, bis sich der Kuchen löst, nicht aufschlagen). Die Kuchen-Oberfläche zuerst mit Puderzucker, dann mit Kakao bestäuben. Sahne mit Vanille-Zucker steif schlagen.

{8} Himbeeren verlesen. Schokoladen-Kuchen mit Himbeeren und Sahne servieren. Oder die Himbeeren auf der Kuchenoberfläche verteilen.

Tipps: Schokoladen-Kuchen kann schon 3–4 Tage vor dem Verzehr zubereitet werden. Die Himbeeren erst kurz vor dem Servieren auf die Kuchenoberfläche legen.

Vanille-Johannisbeer-Kuchen

Für den Streuselteig:
250 g Weizenmehl
80 g Zucker
1 Prise Salz
180 g Butter oder Margarine

Für den Belag:
375 g rote Johannisbeeren
5 Eier (Größe M)
1 Vanilleschote
150 g Zucker
250 g Crème fraîche

1 EL Puderzucker zum Bestäuben

Zubereitungszeit:
50 Minuten, ohne Abkühlzeit
Backzeit:
etwa 55 Minuten

16 Stück

Pro Stück:
E: 4 g, F: 16 g, Kh: 28 g,
kJ: 1168, kcal: 280, BE: 2,5

SEHR SAFTIG

{1} Den Backofen vorheizen. Ober-/Unterhitze: etwa 200 °C, Heißluft: etwa 180 °C.

{2} Für den Teig Mehl in eine Rührschüssel geben. Zucker, Salz und Butter oder Margarine hinzufügen. Die Zutaten mit Handrührgerät mit Rührbesen zunächst kurz auf niedrigster, dann auf höchster Stufe zu Streuseln von gewünschter Größe verarbeiten.

{3} Die Teigstreusel in eine Springform (Ø 28 cm, mit Backpapier belegt) geben und mit einem Löffel zu einem Boden andrücken. Die Form auf dem Rost in den vorgeheizten Backofen schieben. Den Streuselboden etwa 25 Minuten goldbraun vorbacken. Die Backofentemperatur auf Ober-/Unterhitze: etwa 180 °C, Heißluft: etwa 180 °C herunterschalten.

{4} In der Zwischenzeit für den Belag Johannisbeeren waschen, gut abtropfen lassen und entstielen. Eier in einer Rührschüssel mit Handrührgerät mit Rührbesen auf höchster Stufe etwa 3 Minuten schaumig schlagen. Vanilleschote längs aufschneiden und das Mark mit einem Messerrücken herausschaben.

{5} Vanillemark mit Zucker mischen, zu dem Eierschaum geben und weitere etwa 3 Minuten schlagen, bis ein elastischer Schaum entstanden ist. Crème fraîche glatt rühren und vorsichtig unter den Eierschaum rühren.

{6} Die Form auf einen Kuchenrost stellen. Den Eierschaum auf den heißen, vorgebackenen Streuselboden geben. Die Johannisbeeren darauf verteilen. Die Form wieder auf dem Rost in den heißen Backofen schieben. Den Johannisbeer-Kuchen in etwa 30 Minuten fertig backen.

{7} Die Form auf einen Kuchenrost stellen. Den Kuchen in der Form erkalten lassen, dann aus der Form lösen. Mitgebackenes Backpapier entfernen. Den Kuchen auf eine Tortenplatte setzen. Mit Puderzucker bestäuben.

Weintrauben-Zabaione-Torte

Für den Biskuitteig:
6 Eier (Größe L)
3 Eiweiß (Größe L)
160 g Zucker
1 Pck. Dr. Oetker Vanillin-Zucker
200 g Weizenmehl

Für den Belag:
1 kg grüne Weintrauben

Für die Zabaionecreme:
11 Blatt weiße Gelatine
Saft von 2 Zitronen (50 ml)
3 Eigelb (Größe M)
2 Eier (Größe M)
180 g Zucker
400 ml trockener Weißwein
300 g Schlagsahne

Zum Bestreichen:
4 EL Aprikosenkonfitüre
200 g Schlagsahne
1 EL Zucker
1 Pck. Dr. Oetker Sahnesteif

Für die Karamellfäden:
100 g Zucker

Zubereitungszeit:
70 Minuten, ohne Kühlzeit
Backzeit:
etwa 40 Minuten

16 Stück

Pro Stück:
E: 8 g, F: 15 g, Kh: 54 g,
kJ: 1674, kcal: 400, BE: 4,5

MIT ALKOHOL

{1} Den Backofen vorheizen. Ober-/Unterhitze: etwa 180 °C, Heißluft: etwa 160 °C.

{2} Für den Teig Eier und Eiweiß in einer Rührschüssel mit Handrührgerät mit Rührbesen auf höchster Stufe in 1 Minute schaumig schlagen. Zucker mit Vanillin-Zucker mischen, in 1 Minute unter Rühren einstreuen, dann noch etwa 5 Minuten schlagen, sodass ein elastischer Schaum entsteht. Mehl kurz auf niedrigster Stufe unterrühren. Den Teig in eine Springform (Ø 28 cm, mit Backpapier belegt) geben und glatt streichen. Die Form auf dem Rost in den vorgeheizten Backofen schieben. Den Biskuitboden etwa 40 Minuten backen.

{3} Die Form auf einen Kuchenrost stellen. Den Biskuitboden in der Form erkalten lassen. Dann den Boden aus der Form lösen und einmal waagerecht durchschneiden. Den unteren Biskuitboden auf eine Tortenplatte legen. Einen Tortenring (Höhe etwa 9 cm) darumlegen, evtl. mit einem Klebestreifen fixieren.

{4} Für den Belag Weintrauben waschen, gut abtropfen lassen und entstielen.

{5} Für die Zabaionecreme Gelatine in kaltem Wasser nach Packungsanleitung einweichen. Zitronensaft, Eigelb, Eier, Zucker und Wein in einer Edelstahlschüssel (3-Liter-Inhalt) mit Handrührgerät mit Rührbesen schaumig schlagen. Die Eiermasse auf niedrigster Stufe bei mittlerer Hitze über dem heißen Wasserbad so lange durchschlagen, bis die Masse durch und durch schaumig ist und eine Temperatur von etwa 85 °C erreicht hat (evtl. ein Gourmetthermometer verwenden). Die Schüssel vom Wasserbad nehmen. Gelatine ausdrücken und mit einem Teigschaber unter die Creme rühren, bis sie völlig gelöst ist. Die Schüssel in Eiswasser stellen. Die Zabaionemasse unter gelegentlichem Rühren gelieren lassen.

{6} Sahne steif schlagen und vorsichtig unter die gelierte Zabaionemasse heben. Die Creme auf den Boden geben, 700 g Weintrauben darauf verteilen und glatt streichen. Den oberen Biskuitboden darauflegen. Die Torte etwa 6 Stunden in den Kühlschrank stellen.

{7} Zum Bestreichen Konfitüre glatt rühren und auf den oberen Biskuitboden streichen. Die restlichen Weintrauben halbieren, entkernen und darauflegen.

{8} Sahne mit Zucker und Sahnesteif steif schlagen. Den Tortenring lösen und entfernen. Den Tortenrand mit der Sahne bestreichen.

{9} Für die Karamellfäden Zucker in einem Topf bei mittlerer Hitze karamellisieren lassen. Den Topf von der Kochstelle nehmen. Karamell etwas abkühlen lassen und in Fäden (mithilfe einer Gabel) über die Torte ziehen. Die Torte bis zum Servieren in den Kühlschrank stellen.

Hinweis: Für die Creme nur ganz frische Eier verwenden, die nicht älter als 5 Tage sind (Legedatum beachten).

Tipp: Statt Weintrauben können auch 1 kg frische Erdbeeren verwendet werden.

Spätsommer-Genüsse

Karamell mit Beeren,
Preiselbeer-Pfannkuchen,
Pflaumen-Gewürz, Mokka-Kirsch

Aprikosen-Quarktorte

Zum Vorbereiten:
2 Dosen Aprikosenhälften
(Abtropfgewicht je 480 g)
150 g weiche Butter

Für den Rührteig:
125 g Zucker
1 Pck. Dr. Oetker Vanillin-Zucker
1 Prise gemahlener Zimt
3 Eier (Größe L)
1 Eigelb (Größe L)
220 g Weizenmehl
3 gestr. TL Dr. Oetker Backin

Für den Belag:
250 g Magerquark
60 g Zucker
3 Eigelb (Größe M)
1 Pck. Dr. Oetker Bourbon-Vanille-Zucker
40 g Speisestärke
4 Eiweiß (Größe M)
100 g Zucker

Zum Bestäuben:
50 g Puderzucker

Zubereitungszeit:
60 Minuten, ohne Abkühlzeit
Backzeit:
etwa 85 Minuten

16 Stück

Pro Stück:
E: 7 g, F: 11 g, Kh: 45 g,
kJ: 1295, kcal: 309, BE: 4,0

EINFACH

{1} Den Backofen vorheizen. Ober-/Unterhitze: etwa 180 °C, Heißluft: etwa 160 °C.

{2} Zum Vorbereiten Aprikosenhälften in einem Sieb abtropfen lassen. Butter in eine Rührschüssel geben und in heißes Wasser stellen. Butter leicht anschmelzen lassen.

{3} Für den Teig die angeschmolzene Butter mit Handrührgerät mit Rührbesen geschmeidig rühren. Nach und nach Zucker, Vanillin-Zucker und Zimt unterrühren. So lange rühren, bis eine gebundene Masse entstanden ist. Eier und Eigelb nach und nach unterrühren (jedes Ei/Eigelb etwa ½ Minute). Mehl mit Backpulver mischen, in 2 Portionen auf mittlerer Stufe unterrühren. Den Teig in eine Springform (Ø 28 cm, mit Backpapier belegt) geben und glatt streichen. 200 g der abgetropften Aprikosenhälften beiseitelegen. Restliche Aprikosenhälften auf dem Teig verteilen. Die Form auf dem Rost in den vorgeheizten Backofen schieben. Den Kuchen etwa 45 Minuten backen.

{4} Für den Belag beiseitegelegte Aprikosenhälften in kleine Würfel schneiden. Quark mit Zucker, Eigelb, Vanille-Zucker und Speisestärke in einer Rührschüssel glatt rühren. Aprikosenwürfel unterrühren.

{5} Eiweiß mit Handrührgerät mit Rührbesen auf höchster Stufe steif schlagen. Zucker hinzugeben und weitere etwa 2 Minuten schlagen. Eischnee unter die Quark-Aprikosen-Masse heben.

{6} Die Form auf einen Kuchenrost stellen. Die Quark-Aprikosen-Masse auf dem vorgebackenen Rührteigboden verteilen. Die Form wieder auf dem Rost in den heißen Backofen schieben. Die Aprikosen-Quarktorte bei gleicher Backofentemperatur in etwa 40 Minuten fertig backen. Die Torte evtl. nach 20 Minuten Backzeit mit Backpapier zudecken.

{7} Die Form auf einen Kuchenrost stellen. Die Aprikosen-Quarktorte etwas abkühlen lassen, dann aus der Form lösen und auf eine Tortenplatte setzen. Vor dem Servieren mit Puderzucker bestäuben.

Mokka-Torte mit Kirschen

Für den Cashew-Knetteig:
600 g Weizenmehl
200 g gesiebter Puderzucker
150 g fein gehackte Cashewkerne
1 Eigelb (Größe M)
1 Ei (Größe M)
1 Prise Salz
350 g Butter oder Margarine

Für die Mokkacreme:
200 ml Milch
1 Pck. Dr. Oetker Pudding-Pulver Vanille-Geschmack
300 ml starker Espresso
190 g Zucker

Für die Sauerkirschmasse:
2 Gläser Sauerkirschen (Abtropfgewicht je 385 g)
1 Pck. Dr. Oetker Pudding-Pulver Vanille-Geschmack
600 ml Sauerkirschsaft (aus den Gläsern)
120 g Zucker
1 TL gemahlener Zimt

1000 g Schlagsahne

1 EL Kakaopulver

Zubereitungszeit:
80 Minuten, ohne Kühlzeit
Backzeit:
etwa 15 Minuten je Boden

16 Stück

Pro Stück:
E: 9 g, F: 44 g, Kh: 82 g,
kJ: 3205, kcal: 766, BE: 7,0

RAFFINIERT

{1} Den Backofen vorheizen. Ober-/Unterhitze: etwa 200 °C, Heißluft: etwa 180 °C.

{2} Für den Knetteig Mehl in eine Rührschüssel geben. Puderzucker, Cashewkerne, Eigelb, Ei, Salz und Butter oder Margarine hinzufügen. Die Zutaten mit Handrührgerät mit Knethaken zunächst kurz auf niedrigster, dann auf höchster Stufe gut durcharbeiten. Anschließend auf einer bemehlten Arbeitsfläche zu einem glatten Teig verkneten und zu einer Kugel formen. Teigkugel in Frischhaltefolie wickeln und etwa 2 Stunden kalt stellen.

{3} Die Teigkugel geschmeidig kneten und in 5 Portionen teilen. Aus den Teigportionen 5 Knetteigböden backen. Dafür jede Teigportion auf bemehlten Backpapier zu einer runden Platte (Ø etwa 30 cm) ausrollen und auf je ein Backblech ziehen. Die Backbleche nacheinander (bei Heißluft 2–3 Böden zusammen) in den vorgeheizten Backofen schieben. Die Knetteigböden etwa 15 Minuten je Boden backen.

{4} Die Böden mit dem Backpapier von den Backblechen auf Kuchenroste ziehen. Knetteigböden erkalten lassen.

{5} Für die Mokkacreme 100 ml der Milch mit Pudding-Pulver anrühren. Espresso, restliche Milch und Zucker in einem Topf zum Kochen bringen. Angerührtes Pudding-Pulver in die von der Kochstelle genommene Espressomilch rühren und unter Rühren aufkochen lassen. Den Pudding in eine Schüssel geben. Die Puddingoberfläche mit Frischhaltefolie belegen. Pudding kalt stellen.

{6} Sauerkirschen in einem Sieb abtropfen lassen. Den Saft auffangen und 600 ml Saft abmessen. Pudding-Pulver mit 100 ml von dem Saft anrühren. Restlichen Saft mit Zucker und Zimt in einem Topf zum Kochen bringen. Angerührtes Pudding-Pulver in den von der Kochstelle genommenen Saft rühren und unter Rühren aufkochen lassen. Sauerkirschen unterheben. Sauerkirschmasse erkalten lassen und kalt stellen.

{7} Sahne in 2 Portionen steif schlagen. Den Mokkapudding mit einem Schneebesen glatt rühren. Vier Esslöffel der Sahne mit einem Schneebesen unter den Pudding rühren. Restliche Sahne mit einem Teigschaber unterheben. Die Mokkacreme in einen großen Spritzbeutel mit Lochtülle (Ø 10 mm) füllen.

{8} Einen Knetteigboden auf eine Alu-Tortenscheibe legen, dicht mit Cremetupfen bespritzen und für die Tortenoberfläche beiseitestellen.

{9} Einen weiteren Knetteigboden auf eine Tortenplatte legen. Ein Viertel der Mokkacreme mit einem Esslöffel dünn auf die Kirschmasse geben, glatt streichen und mit einem Knetteigboden belegen. Den Rand mit Cremetupfen bespritzen. Ein Viertel der Sauerkirschmasse in den Tupfenrand geben. Wieder ein Viertel der Kirschmasse darauf glatt streichen und Cremetupfen auf den äußeren Rand spritzen. Wieder ein Viertel der Mokkacreme auf der Kirschmasse verstreichen. So weiter verfahren, bis alle Zutaten aufgeschichtet sind.

{10} Den vorbereiteten, mit Cremetupfen bespritzten Knetteigboden darauflegen. Die Torte mindestens 12 Stunden in den Kühlschrank stellen.

{11} Die Torte vor dem Servieren mit Kakao bestäuben.

Karamell-Torte mit Beeren

Für den Biskuitteig:
10 Eier (Größe M)
150 g Zucker
1 Pck. Dr. Oetker Vanillin-Zucker
130 g Weizenmehl
1 Pck. Dr. Oetker Gala Karamell Pudding-Pulver

Für den Orangensirup:
1 Bio-Orange (unbehandelt, ungewachst)
80 g Zucker
150 ml Wasser

Für die Karamellcreme:
200 g Schlagsahne
2 Pck. Dr. Oetker Gala Karamell Pudding-Pulver
50 g Puderzucker
500 ml (½ l) frische Vollmilch
1 Prise Salz

3 Eigelb (Größe M)
50 g Puderzucker

250 g weiche Butter

200 g Zartbitter Kuvertüre für den Rand

Zum Garnieren:
500 g Erdbeeren
250 g Himbeeren
125 g Heidelbeeren
125 g Johannisbeeren

Zubereitungszeit
80 Minuten, ohne Kühlzeit
Backzeit:
etwa 45 Minuten

16 Stück

Pro Stück:
E: 9 g, F: 28 g, Kh: 47 g,
kJ: 1989, kcal: 475, BE: 4,0

ETWAS BESONDERES

{1} Den Backofen vorheizen. Ober-/Unterhitze: etwa 180 °C, Heißluft: etwa 160 °C.

{2} Für den Teig Eier in einer Rührschüssel mit Handrührgerät mit Rührbesen auf höchster Stufe in 1 Minute schaumig schlagen. Zucker mit Vanillin-Zucker mischen, in einer Minute unter Rühren einstreuen, dann noch etwa 4 Minuten schlagen, sodass ein elastischer Schaum entsteht. Mehl kurz auf niedrigster Stufe unterrühren. Den Teig in eine Springform (Ø 28 cm, mit Backpapier belegt) geben und glatt streichen. Die Form auf dem Rost in den vorgeheizten Backofen schieben. Den Biskuitboden etwa 45 Minuten backen.

{3} Die Form auf einen Kuchenrost stellen. Den Biskuitboden erkalten lassen. Dann den Boden aus der Form lösen und zweimal waagerecht durchschneiden. Den unteren Biskuitboden auf eine Tortenplatte legen. Einen Tortenring darumlegen.

{4} Für den Sirup Orange heiß abwaschen, abtrocknen und die Schale dünn abschälen. Orange halbieren und den Saft auspressen. Zucker und 150 ml Wasser in einem Topf zum Kochen bringen. Orangenschale hinzugeben und etwa 3 Minuten bei schwacher Hitze kochen lassen. Den Sirup erkalten lassen. Orangensaft unterrühren. Den unteren Biskuitboden mit einem Drittel des Sirups beträufeln.

{5} Für die Creme Sahne mit Pudding-Pulver und Puderzucker anrühren. Milch und Salz in einen Topf geben und zum Kochen bringen. Angerührtes Pudding-Pulver in die Milch geben und unter Rühren etwa 1 Minute aufkochen lassen. Den Topf von der Kochstelle nehmen. Die Puddingoberfläche mit Frischhaltefolie belegen. Den Pudding bei Zimmertemperatur erkalten lassen.

{6} Eigelb und Zucker in einer Edelstahlschüssel über dem leicht kochenden Wasserbad mit Handrührgerät mit Rührbesen in etwa 8 Minuten dick-schaumig schlagen. Die Schüssel vom Wasserbad nehmen und den Eigelbschaum unter Rühren etwas abkühlen lassen. Dann zum Karamellpudding geben und glattrühren.

{7} Butter in eine Rührschüssel geben. Die Butter mit Handrührgerät mit Rührbesen cremig schlagen und in etwa 4 Minuten weiß-schaumig schlagen. Den Karamellpudding löffelweise zum Butterschaum in die Rührschüssel geben und mit dem Handrührgerät mit Rührbesen unterrühren, bis eine glatte Masse entstanden ist.

{8} Knapp ein Viertel der Creme auf den unteren Boden geben und glatt streichen. Den mittleren Boden darauflegen und mit einem Drittel des Sirups beträufeln. Wieder knapp ein Viertel der Creme darauf verteilen und mit dem oberen Boden belegen. Restlichen Sirup darauftraufeln.

{9} Knapp die Hälfte der restlichen Karamellcreme in einen Spritzbeutel mit Sterntülle (14 mm) füllen. Tortenoberfläche und -rand mit der restlichen Karamellcreme bestreichen und mit der Karamellcreme aus dem Spritzbeutel verzieren. Die Torte mindestens 3 Stunden in den Kühlschrank stellen.

{10} Für den Rand Kuvertüre grob hacken, in einer kleinen Schüssel im heißen Wasserbad bei schwacher Hitze unter Rühren schmelzen. Die Kuvertüre dünn auf eine Marmorplatte streichen und fest werden lassen.

{11} Den Tortenring lösen und entfernen. Die Kuvertüre mit einem Spachtel von der Marmorplatte grob abschaben. Die Schokoladenspäne an den Tortenrand drücken. Die Torte etwa 4 Stunden in den Kühlschrank stellen.

{12} Zum Garnieren Beeren putzen, waschen, abtropfen lassen und entstielen. Beeren auf Küchenpapier legen und trocken tupfen. Die Beeren auf der Torte verteilen.

Preiselbeer-Pfannkuchen-Torte

Für das Preiselbeerkompott:
500 g TK-Preiselbeeren
250 g Extra Gelierzucker 2:1

Für die Pfannkuchen:
8 Eigelb (Größe L)
100 ml Milch
60 g Schlagsahne
150 g Weizenmehl
8 Eiweiß (Größe L)
150 g Zucker

5 EL Speiseöl
5 EL Butterschmalz

Für die Füllung:
600 g Schlagsahne

Zubereitungszeit:
45 Minuten, ohne Kühlzeit

16 Stück

Pro Stück:
E: 6 g, F: 26 g, Kh: 36 g,
kJ: 1679, kcal: 400, BE: 3,0

FÜR KINDER

{1} Für das Kompott 250 g der Preiselbeeren in einem Topf mit Gelierzucker gut verrühren. Die Preiselbeeren unter Rühren bei starker Hitze zum Kochen bringen und mindestens 3 Minuten unter ständigem Rühren sprudelnd kochen lassen. Die restlichen Preiselbeeren unterrühren. Den Topf von der Kochstelle nehmen. Preiselbeermasse erkalten lassen.

{2} Für die Pfannkuchen Eigelb, Milch, Sahne und Mehl in einer Rührschüssel mit einem Schneebesen gut verrühren. Eiweiß in einer Rührschüssel mit Handrührgerät mit Rührbesen auf höchster Stufe steif schlagen. Zucker hinzugeben und weitere etwa 3 Minuten schlagen, bis ein fester Schaum entstanden ist. Den Eiweißschaum portionsweise unter die Eigelb-Mehl-Masse rühren.

{3} Aus dem Teig insgesamt 5 Pfannkuchen backen. Dafür jeweils 1 Esslöffel Speiseöl und 1 Esslöffel Butterschmalz in einer Pfanne (Ø 28 cm) erhitzen. Eine Teiglage (1/5 des Teiges) mit einer drehenden Bewegung gleichmäßig auf dem Boden der Pfanne verteilen. Den Pfannkuchen etwa 2 Minuten von einer Seite goldgelb backen. Dann den Pfannkuchen auf einen Deckel gleiten lassen, umgedreht zurück in die Pfanne geben und weitere etwa 2 Minuten backen. Den Pfannkuchen aus der Pfanne nehmen, auf einen Teller legen und erkalten lassen.

{4} Für die Füllung Sahne steif schlagen. 4 Esslöffel des Preiselbeerekompottes abnehmen und beiseitestellen. Restliches Preiselbeerkompott zügig unter die Sahne heben. Preiselbeersahne in 5 Portionen teilen.

{5} Die einzelnen Pfannkuchen mit je einer Portion Preiselbeersahne bestreichen und zu einer Torte zusammensetzen. Restliche Preiselbeersahne auf der Tortenoberfläche verteilen. Die Torte etwa 2 Stunden in den Kühlschrank stellen.

{6} Vor dem Servieren das beiseitegestellte Preiselbeerkompott in Klecksen auf der Tortenoberfläche verteilen.

Zwetschen-Gewürz-Torte

Für den Biskuitteig:
10 Eier (Größe M)
150 g Zucker
1 Pck. Dr. Oetker Vanillin-Zucker
150 g Weizenmehl
2 geh. TL gesiebtes Kakaopulver

Für die Füllung:
1 kg Zwetschen
200 ml Wasser
100 ml Rotwein
100 g Zucker
1 TL gemahlener Zimt

Für die Gewürzcreme:
200 g Schlagsahne
300 ml Milch
3 Gewürznelken
2 Sternanis
1 TL gemahlener Zimt
7 Blatt weiße Gelatine
150 g Zucker
500 g Schlagsahne

5 EL Zwetschensud zum Beträufeln

Zum Verzieren:
300 g Schlagsahne
3 EL Zucker

250 ml (¼ l) Zwetschensud
1 Pck. Tortenguss, klar, ungezuckert

Zubereitungszeit:
70 Minuten, ohne Abkühlzeit
Backzeit:
etwa 45 Minuten

16 Stück

Pro Stück:
E: 9 g, F: 25 g, Kh: 43 g,
kJ: 1811, kcal: 433, BE: 3,5

MIT ALKOHOL

{1} Den Backofen vorheizen. Ober-/Unterhitze: etwa 180 °C, Heißluft: etwa 160 °C.

{2} Für den Teig Eier in einer Rührschüssel mit Handrührgerät mit Rührbesen auf höchster Stufe in 1 Minute schaumig schlagen. Zucker mit Vanillin-Zucker mischen, in einer Minute unter Rühren einstreuen, dann noch etwa 4 Minuten schlagen, sodass ein elastischer Teig entsteht.

{3} Mehl mit Kakao mischen und kurz auf niedrigster Stufe unterrühren. Den Teig in eine Springform (Ø 28 cm, mit Backpapier belegt) geben und glatt streichen. Die Form auf dem Rost in den vorgeheizten Backofen schieben. Den Biskuitboden etwa 45 Minuten backen.

{4} Die Form auf einen Kuchenrost stellen. Den Biskuitboden erkalten lassen. Dann den Boden aus der Form lösen und einmal waagerecht durchschneiden. Den unteren Boden auf eine Tortenplatte legen. Einen Tortenring (Höhe etwa 9 cm) darumlegen, evtl. mit einem Klebestreifen fixieren.

{5} Für die Füllung Zwetschen waschen, abtrocknen, entstielen, halbieren und entsteinen. Wasser mit Rotwein, Zucker und Zimt in einem Topf verrühren und aufkochen lassen. Zwetschenhälften hinzugeben und einmal aufkochen lassen. Temperatur ausschalten. Den Topf mit den Zwetschenhälften auf der ausgeschalteten Kochstelle stehen lassen. Zwetschenhälften in dem Sud erkalten lassen.

{6} Zwetschenhälften in einem Sieb abtropfen lassen. Den Sud auffangen. Etwa 18 Zwetschenhälften beiseitelegen. Restliche Zwetschenhälften auf dem unteren Biskuitboden verteilen.

{7} Für die Gewürzcreme Sahne, Milch, Nelken, Sternanis und Zimt in einem Topf aufkochen lassen. Die Gewürz-Sahnemilch etwa 40 Minuten bei schwacher Hitze ziehen lassen. Gelatine in kaltem Wasser nach Packungsanleitung einweichen. Die Gewürz-Sahnemilch durch ein Sieb in eine große Edelstahlschüssel gießen. Eingeweichte Gelatine ausdrücken und in der Gewürz-Sahnemilch unter Rühren vollständig auflösen. Zucker unterrühren. Die Edelstahlschüssel in Eiswasser stellen. Gewürz-Sahnemilch unter gelegentlichem Rühren gelieren lassen.

{8} Sahne steif schlagen. Die gelierte Gewürz-Sahnemilch glatt rühren. Die Sahne portionsweise unterheben. Drei Viertel der Gewürzcreme auf dem mit Zwetschenhälften belegten Biskuitboden verteilen. Den oberen Biskuitboden darauflegen. 5 Esslöffel von dem aufgefangenen Zwetschensaft auf den Biskuitboden träufeln. Restliche Gewürzcreme daraufgeben und glatt streichen. Die beiseitegelegten Zwetschenhälften dachziegelartig auf den oberen Tortenrand legen und etwas in die Creme drücken. Die Torte etwa 4 Stunden in den Kühlschrank stellen.

{9} Aus Zwetschensud und Tortengusspulver einen Guss nach Packungsanleitung zubereiten. Den heißen Guss auf der Tortenoberfläche verteilen, sodass ein Marmormuster entsteht. Guss fest werden lassen. Den Tortenring lösen und entfernen.

{10} Zum Verzieren Sahne mit Zucker steif schlagen und in einen Spritzbeutel mit Sterntülle (Ø 8 mm) füllen. Den Tortenrand mit kleinen Tupfen verzieren.

Ratgeber – praktische Tipps

Abkürzungen
EL = Esslöffel
TL = Teelöffel
Msp. = Messerspitze
Pck. = Packung/Päckchen
g = Gramm
kg = Kilogramm
ml = Milliliter
l = Liter
evtl. = eventuell
geh. = gehäuft
gestr. = gestrichen
TK = Tiefkühlprodukt
°C = Grad Celsius
Ø = Durchmesser

Kalorien-/ Nährwertangaben
E = Eiweiß
F = Fett
Kh = Kohlenhydrate
kcal = Kilokalorien
kJ = Kilojoule
BE= Broteinheiten

Abkühlen in Eiswasser
Ermöglicht schnelles Herunterkühlen von Tortenfüllungen. Haben Sie kein Eiswasser zur Hand, stellen Sie die Schüsseln in den Kühlschrank.

Aufbewahren angebrochener Torten
Angeschnittene Torten können im Kühlschrank 1–2 Tage aufbewahrt werden. Die Cremes und Glasuren nehmen leicht Fremdgerüche an und sollten mit Frischhaltefolie abgedeckt werden. Damit die Anschnittflächen nicht austrocknen, legen Sie ein Stück Frischhaltefolie darauf. Besonders gut eignen sich Tortenflügel, die gleichzeitig als Tortenheber benutzt werden können. So bleibt der Anschnitt frisch und ansehnlich und das Tortenstück kippt nicht auf die Platte. Tortenflügel erhalten Sie im gut sortierten Fachhandel oder auch unter www.oetker.de.

Auswahl für Tortenbuffets
Möchten Sie ein Tortenbuffet zusammenstellen, achten Sie auf ausreichende Kühlmöglichkeiten für Teige und Füllungen. Fragen Sie eventuell auch die Nachbarn bei größeren Festen.

Baiserböden
Die Back- bzw. Trockenzeiten für Baiserböden sind Richtwerte. Je nach Luftfeuchtigkeit kann eine Verlängerung der Trockenzeit erforderlich sein. Bei zu viel Luftfeuchtigkeit können sich nach dem Backen kleine Zuckerperlen bilden. Achten Sie darauf, fertige Baiserböden bis zur weiteren Verwendung trocken zu lagern.

Biskuitrollen
Rollen Sie die Biskuitplatte so wie angegeben auf. Füllen Sie die Rolle unmittelbar nachdem sie abgekühlt ist. Die aufgerollte Teigplatte nach Möglichkeit nicht über Nacht liegen lassen, da sie dann leichter bricht.
Halten Sie sich an die angegebenen Rührzeiten, so können Sie sicher sein, dass alles gut gelingt.

Blindbacken
Knetteigböden werden blind gebacken. Der ausgerollte Teig wird mit Backpapier belegt und mit getrockneten Hülsenfrüchten (Erbsen oder Linsen) beschwert, damit der Boden nach dem Backen schön plan ist. Die benutzten Hülsenfrüchte können aufbewahrt und mehrfach verwendet werden. Zum Kochen eignen sie sich nicht mehr, da sie nicht weich werden.

Böden
Böden, die in mehrere Lagen geschnitten werden sollen, am besten einen Tag vor dem Zusammensetzen der Torte backen. Sie lassen sich dann problemlos schneiden und halten die Füllung gut zusammen. Tortenringe mit Schneidhilfe erleichtern das Teilen der Böden erheblich, insbesondere, wenn Sie sehr dünne Böden benötigen.

Eier
Zum Backen sollten immer sehr frische Eier verwendet werden. Beachten Sie das Legedatum! Cremes, in denen Eier nicht mitgebacken werden, aber auch die fertigen Torten müssen bis zum Servieren im Kühlschrank aufbewahrt werden.
Die Größe der Eier ist in den einzelnen Rezepten angegeben. Sollten Sie keine großen Eier (Größe L) zur Hand haben, nehmen Sie auf 4 Eier der Größe M 1 weiteres Ei.

Eigelb, übriggebliebenes
Haben Sie Eigelb übrig, machen Sie doch mal Eierlikör selbst: Dafür verquirlen Sie mit Handrührgerät mit Rührbesen 5 Eigelb mit 100 g gesiebtem Puderzucker. Ist die Masse dick-cremig, rühren Sie 250 ml (¼ l) Weinbrand (40% Vol.-%) darunter. Nach Geschmack können Sie noch das ausgekratzte Mark 1 Vanilleschote oder 1 Pck. Dr. Oetker Bourbon-Vanille-Zucker zugeben. Füllen Sie den fertigen Eierlikör in saubere Flaschen und bewahren Sie ihn bis zum Servieren im Kühlschrank auf. Verwenden Sie hierfür unbedingt Eier, die nicht älter als 5 Tage sind (Legedatum beachten!).

Eiweiß, übriggebliebenes
Behalten Sie bei der Herstellung von Gebäck Eiweiß übrig, so können Sie es gut zu Amaretti verarbeiten. Dafür mischen Sie 300 g abgezogene, gemahlene Mandeln mit 6 Tropfen Bittermandel-Aroma. Anschließend schlagen Sie 3 Eiweiß mit Handrührgerät mit Rührbesen so steif, dass ein Messerschnitt sichtbar bleibt. Geben Sie 300 g Zucker hinzu und verrühren alles zu einer geschmeidigen Masse. Mischen Sie den Eischnee nach und nach unter die Mandelmasse. Formen Sie aus dem Teig kleine Kugeln und setzten Sie sie mit etwas Abstand auf ein Backblech (gefettet, mit Backpapier belegt). Lassen Sie die Amaretti im Backofen bei Ober- Unterhitze: 140–160° C oder Heißluft: 120–140° C etwa 30 Minuten mehr trocknen als backen. Bestäuben Sie die Amaretti nach dem Backen mit Puderzucker.

Fruchtfüllungen
Ist im Rezept frisches Obst angegeben, Sie möchten jedoch lieber Früchte aus der Dose verwenden (je nach Saison), reduzieren Sie die Zuckermenge, da Dosenobst bereits gesüßt ist.

Gelatine
Achten Sie darauf, dass die Grundmasse deutlich sicht- und fühlbar geliert ist, bevor Sie Sahne unterziehen.

Nüsse rösten und abziehen
Die angegebenen Röstzeiten sind circa-Angaben. Je nach Qualität und Alter der Nüsse (Saison) können sich Abweichungen ergeben. Die Nüsse werden beim Rösten dunkel und sind fertig, wenn sie aromatisch duften. Beim Abreiben der Nusshäutchen achten Sie darauf, dass die Nüsse heiß sind. Verwenden Sie im Zweifel lieber ein zweites Geschirrtuch. Es lässt sich kaum vermeiden, dass kleine Reste der Haut an den Nüssen bleiben. Verwenden Sie für Dekorationen die sauber geschälten, weißen Haselnüsse. In die Böden können Sie die Haselnüsse mit den kleinen Hautresten geben, dort stören sie nicht.

Sahne schlagen

Sahne immer gut gekühlt schlagen. Auch die Rührschüssel sollte nach Möglichkeit vorgekühlt sein. Sahne mit einem Fettgehalt von mindestens 30 % lässt sich besser aufschlagen. Sahne nicht zu lange schlagen, da sich sonst das Fett vom Wasser trennt.

Sahnetorten im Sommer?

Wenn es sehr warm ist, erhöhen Sie die Menge an Sahnesteif, wenn Sie wissen, dass die Torte eine Zeit lang auf dem Tisch oder dem Buffet steht.
Im Handel sind Tortenplatten mit Kühlakkus erhältlich, die insbesondere im Sommer gute Dienste leisten.

Schichten

Torten lassen sich sehr gut mit Hilfe von flachen Alutortenscheiben schichten. Im Handel sind beschichtete Pappunterlagen erhältlich, die ebenfalls eingesetzt werden können.

Schneiden hoher Torten

Vor dem Dekorieren mit Sahne die Tortenoberfläche vorsichtig in Stücke schneiden, so zerdrückt die Torte nicht so stark und die fertige Torte lässt sich gleichmäßiger schneiden. Markieren Sie die Stücke, so wird die Dekoration schön gleichmäßig. Man kann bei größeren Torten in der Mitte ein rundes Stück herausschneiden und die Tortenstücke dann nur bis dorthin schneiden. So lässt sich das Tortenstück besser auf den Teller setzen, da die dünne Spitze nicht umfallen kann. Die runde Mitte sieht dann wie eine kleine Minitorte aus und wird sicher noch gern gegessen. Nach Möglichkeit ein Sägemesser verwenden und die Tortenstücke sägend schneiden, keinesfalls mit Druck arbeiten, sonst wird die Füllung nach außen gedrückt. Beim Schneiden der Torten immer ein scharfes Messer verwenden und die Schneide immer wieder in ein Gefäß mit heißem Wasser tauchen. So sehen die Anschnitte besser aus. Auch das Abwischen des Messers mit Küchenpapier zwischen den einzelnen Schnitten sorgt für eine schöne Optik.

Torten sicher transportieren

Die Torten in diesem Buch sind etwas ganz Besonderes und eignen sich ausgezeichnet als schönes Mitbringsel. Für den Transport eignen sich spezielle Tortenbehälter. Damit unterwegs nichts verrutscht, stellt man sie am besten in einen großen Korb oder Klappkorb. Ein angefeuchtetes Tuch unter dem Tortenbehälter verhindert das Hin- und Herrutschen. Ersatzweise eignet sich auch ein passend großer Karton oder eine Kühltasche mit entsprechend großem Boden. Damit die Tortenplatte nicht im Karton verrutscht, legen Sie einige Gummiringe darunter. Für einen längeren Transport denken Sie daran, einige Kühlakkus zur Torte zu legen. Dekorieren Sie die Torte erst nach dem Transport. So können Sie sicher sein, dass die Torte genauso schön aussieht, wie Sie sich das wünschen.

Vorbacken von Tortenböden

Um die Vorbereitung für Feiern zu erleichtern, lassen sich Tortenböden gut vorbacken. Je nach Rezept können sie ohne Qualitätsverlust auf Vorrat eingefroren werden.

Allgemeine Hinweise zu den Rezepten

Lesen Sie bitte vor der Zubereitung – besser noch vor dem Einkauf – das Rezept einmal vollständig durch. Oft werden Arbeitsabläufe oder -zusammenhänge dann klarer.

Zutatenliste

Die Zutaten sind in der Reihenfolge ihrer Verarbeitung aufgeführt. Ist keine besondere Mehltype angegeben, verwenden Sie Weizenmehl (Type 405)

Arbeitsschritte

Die Arbeitsschritte sind einzeln hervorgehoben, in der Reihenfolge, in der sie von uns ausprobiert wurden.

Backofeneinstellung

Die in den Rezepten angegebenen Backtemperaturen und -zeiten sind Richtwerte, die je nach individueller Hitzeleistung Ihres Backofens über- oder unterschritten werden können. Bitte beachten Sie deshalb bei der Einstellung des Backofens die Gebrauchsanleitung des Herstellers.
Machen Sie nach Beendigung der angegebenen Backzeit eine Garprobe.
Die Temperaturangaben in diesem Buch beziehen sich auf Elektrobacköfen.
Die Temperatureinstellungsmöglichkeiten für Gasbacköfen variieren je nach Hersteller, sodass wir keine allgemeingültigen Angaben machen können.

Einschubhöhe

Hohe und halbhohe Formen werden im Allgemeinen auf dem Rost auf die untere Einschubleiste geschoben, flache Formen auf die mittlere Einschubleiste. Blechkuchen gelingen am besten in der Mitte des Backofens. Abweichungen sind möglich und von der Ausführung Ihres Backofens abhängig. Beachten Sie daher auch die Angaben des Herstellers.

Zubereitungs- und Backzeiten

Die Zubereitungszeit beinhaltet nur die Zeit für die eigentliche Zubereitung. Die Backzeiten sind gesondert ausgewiesen. Längere Wartezeiten wie z. B. Kühlzeiten sind nicht mit einbezogen.
Bei einigen Rezepten setzt sich die Gesamtbackzeit aus mehreren Teilbackzeiten zusammen. Längere Wartezeiten, z. B. Kühl- und Auftauzeiten, sind nicht miteinbezogen.

Nur frische Eier verwenden

Bei der Zubereitung mit frischen Eiern nur Eier verwenden, die nicht älter als 5 Tage sind (Legedatum beachten!). Ei bzw. Eier für Tortencremes in eine Rühr- oder Edelstahlschüssel geben und im bzw. über dem heißen Wasserbad mit Handrührgerät mit Rührbesen bei mittlerer Hitze aufschlagen, bis eine Temperatur von etwa 70 °C entstanden ist. Die Torten und Kuchen im Kühlschrank aufbewahren und innerhalb von 24 Stunden verzehren.

Register

Impressum

Für Fragen, Vorschläge oder Anregungen stehen Ihnen der Verbraucherservice der Dr. Oetker Versuchsküche Telefon: 0 08 00 71 72 73 74
Mo.–Fr. 8:00 – 18:00 Uhr, Sa. 9:00 – 15:00 Uhr (gebührenfrei in Deutschland) oder die Mitarbeiter des Dr. Oetker Verlages
Telefon: +49 (0) 521 5206 42 Mo.–Fr. 9:00–15:00 Uhr zur Verfügung.
Schreiben Sie uns: Dr. Oetker Verlag KG, Am Bach 11, 33602 Bielefeld oder besuchen Sie uns im Internet unter www.oetker.de.

Umwelthinweis: Dieses Buch und der Einband wurden auf chlorfrei gebleichtem Papier gedruckt. Die Einschrumpffolie – zum Schutz vor Verschmutzung – ist aus umweltfreundlichem und recyclingfähigem PE-Material.

Redaktion: Carola Reich, Annette Riesenberg, Carola Hülshoff

Titelfoto und Innenfotos: Walter Cimbal, Hamburg

Foodstyling: Hermann Rottmann, Hamburg

Rezeptentwicklung und -beratung: Hermann Rottmann, Hamburg

Nährwertberechnungen: Nutri Service, Hennef

Grafisches Konzept: fuchs-design, Sabine Fuchs, München
Fotografisches Konzept: Walter Cimbal, Hamburg
Titelgestaltung: kontur: design, Bielefeld

Reproduktionen: Repro Ludwig, Zell am See, Österreich
Satz: Final Art, Manfred Karg, München
Druck und Bindung: Firmengruppe APPL, aprinta druck, Wemding

ISBN 978-3-7670-0842-7